일상 경관

명승을 넘어, 일상을 바라보다

차례 Contents

1. 왜 지금, '일상 경관'인가? 003
2. 경관, 풍경, 환경은 무엇이 다를까? 013
3. 일상 경관의 탄생 028
4. 살고 싶은 동네의 조건, 일상 경관 042
5. 지방소멸 시대, 사람을 부른 작은 경관들 057

    일본 히가시카와: 생활 경관이 이주를 이끌다
    일본 시타마치·영국 포켓파크·강원 고한읍: 골목 정원이 만든 일상의 회복
    충북 죽리마을: 심리적 욕구를 채운 정주형 경관
    일본 후세: 낡은 상점가가 여행 콘텐츠로
    북유럽 케어팜: 농촌 경관을 치유로 활용한 복지 실험
    프랑스 가장 아름다운 마을들 협회: 주민이 만든 아름다움이 세계 기준이 되다

6. 명승을 넘어, 일상 경관을 가꾸는 방법 101

부록 1 일상 경관, 정책으로 그리기 109
부록 2 일상 경관을 만나는 여행법 116

참고문헌 124

1. 왜 지금, '일상 경관'인가?

 '경관'이라고 하면 보통 여행지의 멋진 풍경이나 웅장한 자연 경치를 떠올린다. 그래서 '일상 경관'이라는 말은 다소 낯설게 느껴질 수 있다. 일상 경관은 사람들의 삶 속에서 자연스럽게 형성된 공간을 말한다. 예를 들어, 오래된 골목길을 따라 이어진 담장, 해마다 그 담장을 타고 오르는 덩굴, 그곳에서 인사를 나누는 이웃의 모습처럼 매일의 삶 속에서 생겨난 장면들이 모두 일상 경관이다. 여기에는 길이나 건물처럼 눈에 보이는 요소뿐만 아니라, 그곳에 얽힌 기억, 감정, 이야기 같은 눈에 보이지 않는 요소도 함께 담겨 있다.

 이러한 일상 경관에 대해 어떤 이들은 이렇게 질문할지도 모른다. "경관은 원래 특별하고 아름다운 것 아닌가요?",

"그렇게 평범하고 하찮은 것도 경관이라 할 수 있나요?", "우리가 왜 그런 평범한 경관에 관심을 가져야 하나요?" 이 책은 바로 이런 물음에서 출발했다. 그동안 경관의 범주 밖에 있다고 여겼던 평범한 장면들, 무심코 지나쳤던 일상의 모습을 새롭게 바라보려는 시도에서 비롯되었다.

서구에서 시작된 변화: 일상이 경관이 되다

서구 사회를 중심으로 경관을 바라보는 시선이 달라지고 있다. 예전에는 아름다운 자연 경치만을 경관으로 여겼지만, 이제는 일상의 익숙한 모습까지 경관으로 본다. 지리학자 도널드 W. 마이니그(Donald W. Meinig)는 경관 연구가 아름다운 풍경에만 집중한 나머지 우리가 살아가는 평범한 공간을 간과했다고 지적했다. 쉽게 말해, 그림엽서에 나올 법한 장면만 경관으로 여겼다는 것이다. 이러한 문제의식을 일찍부터 제기한 사람이 있다. 바로 존 B. 잭슨(John B. Jackson)이다. 그는 저서 『토착 경관의 발견(Discovering the Vernacular Landscape)』에서 고속도로 휴게소, 주차장, 교외 주택가 같은 일상적인 공간이야말로 미국의 진정한 얼굴을 보여 주는 경관이라고 역설했다. 그의 주장은 경관이 '삶의 무대'라는 새로운 관점을 제시했으며, 이후 상점 간판이나 마을 담장처럼 사소해 보이는 공간에서도 의미를 해석하려는 연구로 이어졌다.

경관에 대한 인식 변화는 학문 영역에만 머무르지 않고 국제 사회의 제도로 확산되었다. 대표적인 사례가 2000년에 채택된 「유럽경관협약(European Landscape Convention)」이다. 이 협약은 경관의 범주에 탁월한 자연 풍경뿐만 아니라 평범한 일상 경관과 훼손된 경관까지 포함했다. 시민이 인식하는 모든 공간을 경관의 일부로 인정한 것이다. 이러한 포괄적 접근은 경관이 개인과 공동체의 삶의 질에 영향을 미치는 중요한 요소라는 인식에서 비롯되었다. 그래서 협약 전문에 경관은 삶의 질과 복지에 핵심적인 역할을 하며, 이를 보호하고 관리하는 일은 시민 모두의 권리이자 책임이라고 명시했다.

유럽이 「유럽경관협약」을 채택한 것은 시대적 흐름과 무관하지 않다. 20세기 후반, 유럽 곳곳에서는 신도시 개발, 대형 산업 단지 조성, 고속도로 건설이 무분별하게 진행되었고, 도시는 획일적인 콘크리트 건물로 뒤덮였다. 이 과정에서 전통적인 마을 풍경과 지역의 고유한 정체성이 사라졌다. 더욱이 도심에 정원이나 공원 같은 녹지가 줄었고, 이에 따라 휴식 공간이 부족해지고 삶의 질도 크게 떨어졌다. 사람들은 이러한 경험을 통해 주거지의 경관은 단순한 배경이 아니라 삶의 질에 직접적인 영향을 미치는 중요한 요소임을 깨닫게 되었다. 이러한 사회적 요구가 평범하거나 훼손된 경관까지 포괄하는 「유럽경관협약」을 탄생시켰다.

살고 싶은 마을 1위, 그 비결은 '일상 경관'에 있다

일본에는 '일상 경관'을 인구 정책에 활용해 성공한 마을이 있다. 바로 홋카이도에 자리한 작은 시골 마을, 히가시카와(東川町)다. 이 마을은 좀 특별하다. 철도도 없고, 국도도 지나가지 않으며, 심지어 상수도조차 연결되어 있지 않다. 겉만 보면 불편하기 짝이 없는 외딴 마을이다. 그런데도 일본 전역에서 사람들이 이곳에 몰려들고 있다. 일본의 대형 부동산 기업이 실시한 조사에서 히가시카와는 4년 연속으로 '살고 싶은 마을' 1위에 올랐다. 편의 시설도 부족하고 교통도 불편한 이 작은 마을에 사람들은 왜 살고 싶을까? 그 비결은 일상 경관에 대한 특별한 태도에 있다. 이 마을은 평범한 일상에서 아름다움을 발견하고, 주민들의 생활 모습을 소중히 여기며 가꿔 왔다.

1980년대, 일본 전역에서 일촌일품(一村一品)이라는 지역 활성화 운동이 일어났다. 당시 많은 마을이 특산품 개발에 나섰지만, 히가시카와는 '사진의 마을'을 내세웠다. 그런데 히가시카와가 말하는 사진의 마을은 관광용 포토 존이 아니었다. 일상의 모든 장면을 사진에 담고 싶을 만큼 아름답게 가꾸겠다는 상징적인 선언이었다. 히가시카와는 인위적인 명소를 만드는 대신, 아이들이 뛰노는 골목, 상점 간판, 길가의 벤치처럼 평범한 일상 모습을 경관의 일부로 여기고 정성껏 가꾸기 시작했다.

이러한 노력은 놀라운 결과로 이어졌다. 일본의 많은 농촌이 인구 감소와 고령화로 어려움을 겪는 상황에서도 히가시카와의 인구는 증가했다. 1993년부터 2023년까지 무려 30년 동안 인구가 꾸준히 증가했다. 특히 젊은 세대와 가족 단위 인구가 대거 유입되면서 아동 수도 늘어났다. 인구 구조 자체가 지속 가능한 방향으로 바뀐 것이다. 히가시카와 사례는 일상 경관이 가진 힘을 잘 보여 준다. 특별한 개발 없이도 평범한 마을 모습에 눈길을 주고 정성껏 가꾸면, 사람들이 모여들고 침체했던 지역도 다시 살아날 수 있다.

달라진 삶의 방식, 달라진 경관의 가치

우리가 '일상 경관'에 주목해야 하는 이유는 최근 달라진 생활 방식에서도 찾을 수 있다. 경제가 성장하고 생활 수준이 높아지면서, 많은 사람이 워라밸, 즉 일과 삶의 균형을 중요하게 여기기 시작했다. 워라밸은 단순히 근무 시간을 줄이자는 뜻이 아니다. 일과 생활 사이에 건강한 균형을 이루어 자율성과 삶의 만족도를 높이려는 흐름이다.

워라밸은 앞으로 더욱 빠르게 확산될 것이다. 사람들의 가치관이 삶의 질을 중시하는 방향으로 바뀌고 있으며, 이를 뒷받침할 기반도 갖춰지고 있기 때문이다. 글로벌 인재 컨설팅 기업 란트스타트(Randstad)의 최신 조사에 따르면, 전 세계 근로자의 83%가 새로운 직장을 선택할 때 '일과 삶의 균형'을 가장 중요하게 생각하는 것으로 나타났다. 워라밸 문화의 확산에는 건강에 관한 관심 증가도 한몫했다. 몸과 마음의 건강이 워라밸에서 비롯된다는 인식이 퍼지면서, 관련 생활 문화도 빠르게 확산되었다. 여기에 코로나19 팬데믹을 거치며 재택근무와 유연 근무가 보편화되면서 워라밸 확산에 속도가 붙었다.

워라밸이 본격화될수록 '일상 경관'의 중요성도 함께 커질 수밖에 없다. 워라밸의 핵심이 단순히 근무 시간을 줄이는 데 있지 않고, 늘어난 시간을 어디에서 어떻게 보내느냐에 있기 때문이다. 퇴근 시간이 빨라졌다고 해서 저절로 휴식이 주어지는 것은 아니다. 제대로 쉴 수 있으려면 그에 걸맞은 환경이 갖춰져야 한다. 예를 들어 보자. 집 앞이 차량과 소음으로 가득하고 쉴 만한 공원 하나 없다면, 늘어난 시간은 또 다른 피로가 될 수 있다. 아무리 시간이 많아도 마음 편히 쉴 수 있는 공간이 없다면, 워라밸은 말뿐인 구호에 그치고 말 것이다.

이런 흐름 속에서 등장한 것이 '오도이촌(五都二村)'이나 '워케이션(workation)' 같은 새로운 생활 방식이다. '오도이촌'은 평일에는 도시에, 주말에는 농촌에서 생활하는 방식이다. '워케이션'은 휴양지에서 업무와 휴식을 병행하는 근무 형태로, 일의 유연성과 삶의 질을 함께 고려한 근무 방식이다. 이제 사람들은 주거지를 고를 때 예전처럼 집의 크기나 외형만 보지 않는다. 주거 환경이 주는 안정감과 회복력까지 중요하게 고려한다.

오늘날 사람들이 워라밸을 중시하고 일상 경관에 주목하는 현상은 프랑스 사회학자 앙리 르페브르(Henri Lefebvre)의 주장과도 맞닿아 있다. 르페브르는 저서 『현대세계의 일상성(La vie quotidienne dans le monde moderne)』에서 산업화가 낳은 단조롭고 기계화된 일상을 날카롭게 비판했다. 그는 현대인이 매일 똑같은 하루를 반복하면서 고유한 삶의 리듬을 잃어가고 있다고 지적했다. 그리고 이 문제를 해결하려면 "일상을 하나의 작품처럼 만들어야 한다."라고 주장했다. 남이 짜놓은 시간표와 스타일에 휘둘리지 않고 자신만의 방식으로 하루하루를 살아갈 때 잃어버린 삶의 리듬을 되찾을 수 있다고 강조했다.

르페브르의 눈으로 보면 일상 경관은 단순한 배경이 아니다. 일상 경관은 삶의 질을 높이는 자원이자 자율성과 삶의 리듬을 회복하는 데 필요한 핵심 조건이다. 지금 우리가 일상 경관에 주목해야 할 이유는 분명하다. 작은 골목길, 동네 공원, 창밖 풍경 하나하나가 우리 삶에 깊은 영향을 미치기 때문이다. 평범하고 작은 경관에 관심을 두고 가꿀 때, 그곳은 일상의 아름다움과 삶의 리듬을 회복하는 소중한 무대가 될 수 있다.

우리나라 경관 정책의 현주소

일상 경관의 중요성은 갈수록 커지고 있지만, 안타깝게도 우리나라 경관 정책은 그 가치를 제대로 반영하지 못하고 있다. 「경관법」이나 「자연유산법」 같은 관련 법령이 존재하지만, '일상 경관'이나 '보통 경관'에 관한 구체적인 내용은 찾아보기 어렵다. 대신 '생활 환경'이나 '주민 생활' 같은 표현이 등장하지만, 대부분 선언적인 수준에서 그쳤다. 일상 경관을 위한 명확한 기준이나 실행 계획은 부족한 실정이다.

현재 우리나라의 경관 계획은 주로 명승지나 유명 건축물처럼 눈에 잘 띄는 곳에 집중되어 있다. 이에 따라 사람들이 살아가는 주거지의 경관은 정책의 사각지대에 놓인 경우가 많다. 제도적 기반이 허술하다 보니 주변과 조화를 이루지 못하는 개발이 곳곳에서 벌어지고 있다. 산 중턱에 어울리지 않는 주택이 들어서고, 논두렁 옆에 아파트가 우뚝 솟는 등 무분별한 개발이 이루어지고 있다. 또한 농촌 마을 주변에 악취를 풍기는 축사나 유해 물질을 내뿜는 공장이 들어서거나, 마을 중심에는 빈집이 흉물처럼 방치되는 사례도 적지 않다. 이처럼 일상 경관을 돌보지 않으면 그 피해는 고스란히 주민에게 돌아갈 수밖에 없다. 동네가 쾌적하지 않으면 주민들의 애정은 식어 가고, 더 나은 삶을 찾아 하나둘 떠나게 된다. 이는 마을의 활력을 떨어뜨리며 인구 유출이라는 악순환 고리를 만든다.

일상 경관은 우리의 삶과 떼려야 뗄 수 없는 관계이다. 매일 아침 눈을 뜨고 마주하는 풍경을 어떻게 관리하느냐에 따라 삶의 질은 달라진다. 그래서 유럽을 비롯한 많은 나라들은 일상 경관을 사람들이 살아가는 삶의 무대이자 생활 복지의 일부로 여기며 체계적으로 관리하고 있다.

우리나라도 더 이상 미룰 수 없다. 세계적 흐름에 발맞춰 일상 경관의 가치를 제대로 인식하고, 관련 정책과 제도를 마련하는 데 힘써야 한다. 특히 인구 감소와 고령화로 어려움을 겪는 농촌부터 먼저 나서야 한다. 일본의 히가시카와 마을처럼 시선을 돌려 일상 경관을 가꾸기 시작한다면, 마을의 미래는 충분히 달라질 수 있다. 겉모습만 바뀌는 게 아니라 사람들이 다시 돌아오고 마을이 되살아나는 변화를 이끌 수 있다.

2. 경관, 풍경, 환경은 무엇이 다를까?

일상 경관의 개념을 제대로 이해하려면, 먼저 '경관'의 의미 변화부터 짚어 볼 필요가 있다. 우리나라는 1970년대 조경학을 도입하면서 영어 'landscape'를 경관으로 번역해 사용하기 시작했다. 따라서 이 책에서는 landscape를 중심에 두고 경관의 의미를 설명하고자 한다.

landscape 의미 변천

영어 landscape의 뜻은 '풍경', '풍경화', '조경하다'로 널리 알려져 있다. 그러나 이 뜻은 17세기 유럽에서 풍경화가 유행하면서 생겨났다. 그전에는 전혀 다른 의미로 쓰였다.

landscape의 어원인 중세 영어 'landscipe(란드스키페)'를 살펴보면 이를 알 수 있다. 이 말은 귀족의 영지나 농노의 농지처럼 일정한 범위의 토지를 가리켰다. 하지만 시간이 흐르면서 landscipe는 점차 변형되어 예술적 감성과 시각적 아름다움을 가리키는 개념으로 확장되었다. 이러한 변화를 이끈 결정적인 계기가 바로 '풍경화'의 등장이었다.

풍경화는 단순히 자연을 묘사한 그림이 아니다. 자연을 바라보는 화가의 시선, 감정, 세계관이 담긴 예술이다. 서양 회화에서 풍경화는 르네상스 시대의 이탈리아에서 본격적으로 등장했다. 14세기부터 16세기까지 인문주의가 확산하고 과학기술이 발달하면서, 화가들은 인간의 이성과 경험을 바탕으로 자연을 이해하고 묘사하려 했다. 이 과정에서 원근법, 명암법 같은 표현 기법이 발전했고, 화가들은 이 기법들을 활용해 자연을 구도와 원리에 따라 체계적으로 그리기 시작했다.

클로드 로랭(Claude Lorrain), 살바토르 로사(Salvator Rosa), 니콜라 푸생(Nicolas Poussin)은 풍경화 발전에 중요한 발자취를 남긴 화가들이다. 이들은 이탈리아에서 활동하며 고전적 질서와 이상미를 반영하여 '이상적 풍경화'라는 새로운 양식을 창조했다. 특히 프랑스 출신인 클로드 로랭은 로마에서 활동하며 상류층에게 큰 인기를 얻었다. 그는 신화나 성경

이야기를 배경으로 삼아 자연을 이상화한 풍경화를 그렸다. 그의 작품에는 고전주의 미학과 인문주의 정신이 깊이 배어 있었다. 상류층은 그의 그림을 자신의 교양과 안목을 드러내는 수단으로 활용했다. 당시 로랭의 그림은 일종의 문화 자본이었던 셈이다. 이처럼 로랭의 풍경화는 상류층의 미적 취향을 사로잡았을 뿐만 아니라, 이후 영국에서 전개된 '랜드스케이프 가든 운동'에도 큰 영향을 미쳤다. 이 이야기는 다음에서 좀 더 자세히 살펴보기로 하고, 풍경화 이야기로 다시 돌아가 보자.

17세기 네덜란드에서는 풍경화가 눈에 띄게 발전하며 황금기를 맞았다. 이 시기 네덜란드 화가들은 이탈리아와는 다른 화풍을 추구했다. 신화나 성경 같은 거창한 주제 대신에 풍차, 들판, 시골집처럼 익숙하고 평범한 일상 모습을 화폭에 담았다. 이들은 구름 낀 하늘, 빛과 날씨의 변화 같은 자연의 미묘한 움직임을 섬세하고 사실적으로 그렸다. 특히 야콥 반 루이스달(Jacob van Ruysdael)은 이런 자연 모습을 탁월하게 그리며 큰 인기를 끌었고, 그의 작품은 후대 풍경화에 깊은 영향을 주었다. 네덜란드의 풍경화는 귀족뿐 아니라 상인, 장인, 농민 등 평범한 사람들 사이에서 큰 인기를 끌었다. 사람들은 집 안에 풍경화를 걸어두고 일상에서 자연의 아름다움을 즐겼다.

야콥 반 루이스달, 《워크 비 더어스테데의 풍차(The Windmill at Wijk bij Duurstede)》, 1670년경, 암스테르담 국립미술관

이 그림은 네덜란드 남동부 도시 '워크 비 더어스테데(Wijk bij Duurstede)'의 풍차와 강 주변 모습을 사실적으로 담아낸 작품이다. 넓게 펼쳐진 하늘과 변화무쌍한 구름의 묘사는 네덜란드 풍경화의 대표적인 특징이다. 야콥 반 루이스달은 그림을 통해 자연의 극적인 변화와 빛의 움직임을 섬세하게 표현했다. 네덜란드 화가들은 신화나 성경에 나올 법한 이상적 경치를 그리는 대신, 자신들이 살고 있는 평범한 마을을 풍경화 주제로 삼았다. 네덜란드 풍경화는 이후 영국을 비롯한 유럽 각국에 영향을 주었으며, 풍경화의 주제가 이상적인 자연 경치에서 현실적인 생활 풍경으로 확장하는 데 중요한 역할을 했다. 이미지: Artvee (퍼블릭 도메인)

이 시기 풍경화를 뜻하는 네덜란드어 'landschap(란트스하프)'도 풍경화와 함께 유럽 각국에 전해졌다. 당시 영국에는 이 새로운 화풍을 설명할 적절한 단어가 없었기 때문에 네덜란드어 'landschap(란트스하프)'를 그대로 받아들였다. 이로 인해 기존의 영어 표현인 'landscipe(란드스키페)'는 점차 사라졌고, 시간이 흐르며 오늘날 우리가 사용하는 'landscape(랜드스케이프)'라는 단어로 정착했다.

한편, 클로드 로랭은 17세기 유럽 미술계에 깊은 인상을 주었다. 특히 자연을 이상화한 그의 표현 방식은 영국 상류층의 미적 취향과 교양 욕구를 강하게 자극했다. 로랭은 햇살이 부드럽게 비치는 풍경 속에 고대 유적을 조화롭게 배치하여, 현실에는 존재하지 않는 풍경을 그렸다. 영국 귀족들은 그가 묘사한 풍경을 고전 세계의 이상처럼 여겼고, 그 풍경을 직접 보기 위해 이탈리아로 그랜드 투어를 떠났다. 귀국한 후에는 로랭의 그림이나 판화를 응접실에 걸어 두고 자신의 예술적 감각과 사회적 지위를 드러내는 상징물로 활용했다. 이처럼 영국 상류층에게 로랭의 풍경화는 단순한 그림이 아니라, 귀족 문화의 일부이자 교양의 상징으로 자리 잡았다.

영국 귀족들의 풍경화 사랑은 감상에만 머물지 않았다. 그들은 그림 속 이상적인 자연 풍경을 자신의 정원에 직접 구현하고자 했다. 정원 설계사를 고용해 정원을 하나의 예술 작품처럼 조성했다. 이러한 흐름은 18세기 상류층 사이에서 유행으로 번지며 '랜드스케이프 가든 운동(English Landscpae

로랭의 풍경화가 현실이 된 곳, 영국의 스투어헤드 정원

영국 윌트셔(Wiltshire)에 위치한 스투어헤드 정원(Stourhead Garden)은 18세기 헨리 호어 2세(Henry Hoare II)가 클로드 로랭의 풍경화에서 영감을 받아 설계한 대표적인 영국식 정원이다. 인공 호수, 판테온, 아치형 다리 등 로랭의 그림에 등장하는 요소들이 정원 곳곳에 배치되어 있어, 그림 속 세계를 현실에 옮겨 놓은 듯한 인상을 준다. 사진: Bob Jenkin (Pexels 제공)

Garden movement)'으로 발전했다. 이 운동은 프랑스식 정원의 대칭성과 인공미를 거부하고 자연에 가까운 정원 양식을 지향했다. 이러한 조경 방식은 영국 조경 역사에 중요한 전환점을 남기며 도시 공원 분야로 확산되었고, 이후 프랑스와 미국의 도시 계획, 특히 뉴욕 센트럴파크의 설계에도 영향을 주었다.

영국의 랜드스케이프 가든 운동은 프랑스의 도시 계획에

도 영향을 미쳤다. 19세기 중반, 파리 시장 조르주 외젠 오스만(Georges-Eugène Haussmann)은 나폴레옹 3세의 지시를 받아 '파리 대개조 사업'을 추진했다. 그는 영국의 자연주의 조경 양식에서 영감을 받아 도시 설계에 녹지와 공원을 적극적으로 도입했다. 삭막했던 파리에 자연의 아름다움을 더해 도시 미관과 삶의 질을 동시에 높이고자 한 것이다. 그는 개선문을 중심으로 방사형 도로망을 구축하고, 콩코드광장과 루브르궁 같은 상징적인 건축물도 정비했다. 그의 손을 거치며 파리는 사람들이 거닐고 머물고 싶은 공간으로 탈바꿈했다. 이러한 도시 개조 방식은 유럽뿐 아니라 대서양을 건너 미국의 도시 계획에도 영향을 주었다.

19세기 말에서 20세기 초, 미국에서는 산업화로 인해 도시가 복잡하고 불결해졌다. 이를 개선하기 위한 '도시 미화 운동(City Beautiful movement)'이 일어났다. 이 운동을 계기로 위생 환경이 개선되었고 도로와 상하수도 같은 기반 시설도 정비되었다. 도심에는 공원, 광장, 놀이터, 기념비적인 건축물이 들어서며 도시 풍경이 달라졌다. 이러한 변화는 영국의 랜드스케이프 가든 운동과 프레데릭 로 옴스테드(Frederick Law Olmsted)의 공원 철학에 영향을 받았다.

정리하자면, 풍경화가 유행하던 시기에 landscape는 주로 예술적 감상을 위한 용어로 쓰였다. 그러나 영국식 정원 운동과 도시 미화 운동을 거치며 landscape는 조경과 도시 공간에도 활용되었고, 그 과정에서 공공적인 성격도 띠게 되었다. 여기에 19세기 들어 과학 기술과 지도 제작 기법의 발달하면서 여러 학문 분야에서 landscape를 수치와 데이터로 다루기 시작했고, 이에 따라 그 의미가 복합적으로 변해 갔다. 학문 분야마다 저마다의 관점으로 landscape를 해석한 것이다. 이를테면, 예술 분야에서는 landscape를 감성과 이상, 철학적 사유를 담는 매개로 이해했고, 지리학 분야에서는 인간과 자연의 상호 작용이 드러난 결과로 해석했다. 인류학 분야에서는 공동체의 기억과 정체성이 깃든 상징적인 공간으로, 환경 심리학은 정서적 안정과 심리적 영향을 주는 공간으로 해석했다. 이처럼 다양한 해석이 축적되면서 landscape는 예술·문화·사회·환경 등 여러 층위를 아우르는 복합 개념으로 자리 잡게 되었다.

'경관'이라는 용어의 한계

현재 우리가 사용하는 '경관(景觀)'이라는 단어는 원래 일본에서 만들어진 한자어다. 식물학자 미요시마나부(三好学)는 독일어 landschaft(란트샤프트)를 번역하기 위해 경관이라는 단어를 만들었다. 그는 주로 식물 군집이나 자연환경의 특성을 설명할 때 이 단어를 사용했다. 1970년대 우리나라는 현대 조경학을 도입하면서 영어 'landscape'를 일본식 한자어인 '경관'으로 번역했다. 그러나 이 과정에서 landscape의 역사적 변천이나 사회·문화적 맥락이 충분히 반영되지 못했다. 그 결과, 경관의 의미가 '자연이나 지역 풍경' 정도로 단순하게 풀이되었다. 여러 층위가 담긴 복합적 개념의 landscape가 단순하게 번역되면서 개념적 혼란이 생겼다. 사람들은 경관이라는 단어만으로 그 의미를 온전히 전달하기 어려워, '풍경', '환경', '지역' 같은 비슷한 단어들을 혼용하고 있다. 그러나 비슷한 단어들을 혼동해서 사용하면 개념은 더욱 모호해져 정확한 소통이 어려워진다.

이러한 혼란을 줄이려면, 먼저 landscape가 어떤 과정을 거쳐 지금의 의미에 이르렀는지 이해해야 한다. 그리고 비슷해 보이는 단어들을 상황에 맞게 구분해 사용해야 한다. 예를 들어 미적 감각을 강조하고 싶을 때는 '풍경'이라는 표현이 더 적절할 수 있다. 생태학적 논의라면 '환경'이 더 자연스럽고, 때로는 원어인 landscape를 함께 써서 의미를 보완하는 것도 좋은 방법이다. 경관처럼 의미가 복잡한 개념일수록 상황에 따라 구별해 쓰는 것이 중요하다. 다음 장에서는 경관이 풍경, 환경, 지역과 무엇이 다른지 구체적으로 살펴보자.

경관과 풍경

경관(landscape)과 풍경(scenery)은 일상에서 비슷하게 사용되지만, 그 어원과 쓰임새에는 분명한 차이가 있다. 풍경(風景)은 풍(風)과 경(景)이 합쳐진 말이다. 여기서 '풍'은 바람뿐만 아니라, 자연의 흐름, 생명력, 기상의 움직임을 포괄한다. '경'은 햇빛이 비치면서 순간적으로 드러나는 장면, 다시 말해 일시적인 인상을 뜻한다. 따라서 풍경은 빛과 바람이 어우러져 만들어 낸 순간적이고 변화무쌍한 장면을 가리킨다. 고정된 모습이라기보다는 찰나에 가까운 장면이다. 고대 중국인들은 '풍(風)'이라는 글자에 깊은 의미를 부여했다. 그들에게 바람은 단순한 자연 현상이 아니라, 봉황의 날갯짓에서 비롯된 신비한 힘이었다. 그래서 '풍'이라는 글자도 봉황의 형상을 본떠서 만들었다고 전해진다. 이런 전통 속에서 '풍'에는 자연에 대한 경외심과 신비로움이 담겼고, '풍경'이라는 말에도 자연을 마주할 때 느끼는 경이로움과 감흥이 깃들게 되었다.

경관(景觀)이라는 단어의 어원도 살펴보자. 경관에서 관(觀)은 雚(황새 관)과 見(볼 견)이 합쳐진 글자다. 이는 황새가 높은 곳에서 세상을 내려다보는 모습을 형상화한 것으로, 단순히 보는 행위를 넘어 넓은 시야로 깊이 살피는 태도가 담겨 있다. 이러한 의미는 관(觀)이 포함된 '관찰(觀察)', '관측(觀測)', '관상(觀象)' 같은 단어에서도 드러난다. 이 단어들에는 현상의 이면을 분석하고 해석한다는 의미가 담겨 있다. 따라서 경관(景觀)은 어떤 대상을 보고 그 안에 담긴 의미와 가치를 해석하려는 태도까지 포함한 개념이라 할 수 있다.

지금까지 살펴본 어원적 의미를 바탕으로 풍경과 경관은 다음과 같이 구분할 수 있다. 풍경은 빛과 바람이 어우러져 순간적으로 만들어 낸 시각적 장면이다. 자연에 대한 미적 아름다움과 정서적 울림을 표현할 때 주로 사용하며, '감성의 언어'에 가깝다. 반면, 경관은 눈에 보이는 모습뿐만 아니라, 그 안에 담긴 의미, 상징, 가치 등을 해석하려는 태도를 포함하는 개념이다. 이 단어는 '해석의 언어'라고 할 수 있으며, 경관을 논할 때는 시각적 경험을 넘어 그 이면에 담긴 역사, 문화, 상징적 의미까지 함께 살펴야 한다.

경관과 환경

경관과 혼동하기 쉬운 또 다른 단어는 '환경(environment)'이다. 두 단어 모두 우리가 사는 공간과 관련이 있지만, 의미는 명확히 다르다. 환경은 인간이 살아가는 데 필요한 물리적 조건을 말한다. 예컨대 공기, 기후, 물, 토양, 생태계, 안전

시설 등이 여기에 포함된다. 이러한 요소들은 우리가 특별히 의식하지 않아도 늘 우리 곁에 존재한다.

반면 경관은 우리가 어떤 대상을 의식적으로 바라보는 순간에 성립하는 개념이다. 같은 대상이라도 보는 사람의 시각에 따라 다르게 인식될 수 있다. 예를 들어, 농부에게 논밭은 생계를 위한 삶의 터전이자 환경이다. 하지만 도시에서 온 여행자가 그 논밭을 보며 '평화롭다'라고 느낀다면, 그 순간 논밭은 경관이 된다.

조경학자 황기원은 『경관의 해석』에서 경관이 성립하려면 두 가지 조건이 필요하다고 설명했다. 하나는 '볼 대상'이고, 다른 하나는 그것을 바라보는 '사람의 행위'다. 이 설명은 한자의 구성에서도 확인할 수 있다. 경관(景觀)에서 '경(景)'은 땅 위에 펼쳐진 볼거리를, '관(觀)'은 그것을 바라보고 인식하는 행위를 의미한다. 따라서 경관은 '볼거리'와 '사람의 시선', '인식 작용'이 결합할 때 완성된다. 즉 지형, 건물, 식생 같은 물리적 조건과 이를 바라보고 경험하는 사람의 심미적이고 주관적인 인식이 복합적으로 작용하여 형성된 개념이 경관이다. 이 설명을 좀 더 풀어 보면, 경관과 환경의 차이를 분명히 이해할 수 있다.

첫째, 경관은 사람의 인식과 해석을 통해 존재한다. 경관은 단순히 물리적 요소들의 집합이 아니라, 사람의 인식과 해석을 통해 드러나는 결과물이다. 아무리 아름다운 장소라도, 그것을 바라보는 사람의 시선이 없으면 경관은 존재하지 않는다. 반면 환경은 우리가 특별히 의식하지 않아도 늘 우리 곁에 존재하는 삶의 조건이다.

둘째, 경관은 '바라보는 행위'를 통해 형성된다. 경관은 어떤 대상을 의식적으로 바라보고 감각적으로 받아들이는 과정에서 형성된다. 같은 장소라도 이를 주체적으로 인식하고 경험하는 사람에게만 경관이 된다. 앞서 살펴본 농부와 도시민의 예처럼, 대상을 생존 배경으로만 본다면 경관이 될 수 없다.

셋째, 경관이 성립되려면 '적당한 거리'가 필요하다. 관(觀)이라는 글자는 황새가 높은 곳에서 세상을 내려다보는 모습을 형상화했다. 이는 경관이 황새처럼 적절한 높이와 거리에서 전체를 조망할 때 한 장의 그림이나 사진처럼 모습을 갖추게 됨을 의미한다. 반면 환경은 거리나 시점을 요구하지 않는다. 우리가 인식하든 못하든, 언제나 우리 삶의 조건으로 우리 주변에 자리하고 있다.

경관과 지역

현재 많은 경관 관련 정책과 제도는 지리학의 영향을 받았다. 지리학에서는 '지역(area)' 개념을 바탕으로 경관을 '인간 활동과 자연환경의 상호 작용으로 형성된 지역'으로 정의한다. 이때 지역은 자연, 사회, 문화, 경제 같은 기준에 따라 나눈 하나의 땅이나 공간을 말한다.

경관과 지역은 서로를 포함하거나 종속시키는 관계가 아닌, 상호 보완적인 관계에 가깝다. 지역이 물리적인 경계와 정보를 제공한다면, 경관은 그 위에 감정, 기억, 정체성 같은 주관적인 의미를 더한다. 따라서 두 개념을 함께 고려하면 경관의 특성과 의미를 더 깊이 이해할 수 있으며, 경관 계획을 세울 때 중요한 토대가 된다. 지역이라는 물리적 틀을 바탕으로 경관의 주관적인 의미를 반영해야 효과적인 계획을 세울 수 있다.

2000년에 채택된 「유럽경관협약」 역시 지리학적 관점을 바탕으로 경관을 정의했다. 이 협약은 경관을 '사람들이 인식하는 지역'으로 정의하고, 그 범주에 '탁월한 경관'뿐 아니라 '평범한 일상 경관'과 '훼손된 경관'까지 포함했다. 여기서 훼손된 경관은 개발, 산업화 등으로 인해 손상된 지역을 가리킨다. 유럽이 훼손된 경관까지 범주에 포함한 이유는 경관이 지역 정체성을 구성하는 중요한 요소라고 보았기 때문이다.

그런데 경관을 지역이라는 틀로만 이해하면 몇 가지 문제가 생길 수 있다. 경관은 자연, 예술, 문화, 환경 등 여러 요소가 얽혀 있는 복합적인 개념이다. 그래서 지역이라는 기준에만 갇히면 그 안에 담긴 다층적인 의미를 충분히 파악하기 어렵다. 무엇보다 경관은 단순히 감상하는 대상이 아니라, 사람들이 직접 경험하고 감동하는 장소이기도 하다. 따라서 지역이라는 객관적인 틀만으로는 경관에 담긴 다양한 의미와 상징을 충분히 해석하기 어렵다.

또한, 경관을 제대로 이해하고 관리하려면 지리학만으로는 부족하다. 생태학, 사회학, 문화 인류학 등 다양한 분야의 시각이 함께 필요하다. 하지만 우리 정부와 정책 기관은 여전히 지리학적 관점에 머물러 있어 경관과 관련된 복합적인 문제를 효과적으로 다루고 있지 못하다. 이러한 한계를 극복하기 위해서는 자연·예술·문화·환경을 아우르는 '융합적 관점'에서 경관을 바라봐야 한다. 그래야만 경관이 지닌 다양한 의미와 사람들의 삶을 풍요롭게 하는 힘을 제대로 살릴 수 있다.

3. 일상 경관의 탄생

만약 우리가 경관을 여전히 아름다운 풍경 정도로만 이해하고 있다면, '일상 경관'이라는 말은 생겨나지 않았을 것이다. 일상 경관은 19세기 과학 기술의 발전과 20세기 문화적 전환의 영향 속에서 등장한 개념이다. 예전에는 명승지나 유적지처럼 특별한 장소만을 경관으로 여겼지만, 이제는 우리가 살아가는 평범한 공간도 경관으로 본다. 이번 장에서는 일상 경관이라는 개념이 어떤 시대적 흐름 속에서 등장하게 되었는지, 그 과정을 함께 살펴보자.

일상 경관으로서 버스 정류장

매일 이용하는 버스 정류장은 대개 특별한 의미가 없는 평범한 공간으로 여겨지기 쉽다. 그러나 19세기 과학기술의 발전과 20세기 문화적 전환은 사람들의 사고방식과 가치관에 영향을 주었고, 그에 따라 버스 정류장 같은 일상적인 공간에서도 새로운 의미와 가치를 찾으려는 움직임이 나타나기 시작했다. 사진: Dele Oke (Unsplash 제공)

경관 개념의 근대적 전환

19세기에 접어들면서 세상은 급변하기 시작했다. 과학 발전, 거센 산업화와 도시화는 사람과 자연의 관계를 근본적으로 바꿔 놓았다. 이전까지 신비롭고 경이로운 존재였던 자연은 이제 이해하고 조작할 수 있는 대상이 되었다. 이러한 인식의 변화는 경관을 바라보는 시선에도 영향을 미쳤다. 지도 제작과 측량 기술이 발달함에 따라 경관 역시 수치로 측정하고 분석할 수 있는 대상으로 인식되기 시작했다.

이 시기에 급속한 도시화는 주택 부족, 교통 혼잡, 환경 오염 등 여러 문제를 불러왔다. 도시 문제가 심각해지자 도시 관리의 필요성이 커졌고, 이에 따라 도시를 기능과 효율에 맞게 관리하려는 시도가 이루어졌다. 이 과정에서 '도시 경관'이라는 새로운 개념이 등장했다. 예술 분야에서도 비슷한 변화가 나타났다. 자연을 이상화하던 낭만주의가 쇠퇴하고 현실을 있는 그대로 재현하는 사실주의가 확산하면서, 사람들은 자연을 객관적으로 관찰하고 기록해야 할 대상으로 여기기 시작했다.

과학기술의 발달은 경관을 연구하는 방식에도 변화를 불러왔다. 여러 학문 분야에서 경관의 형성과 변천 과정을 과학적으로 분석하기 시작했다. 예를 들어, 지질학은 암석과 지층 연구를 통해 경관의 변화 과정을 규명했고, 생물학은 다윈의 진화론을 바탕으로 환경이 경관에 미치는 영향을 탐구했다. 생태학은 자연과 생물이 서로 영향을 주고받는다는 이론을 바탕으로 경관을 살아 있는 유기체처럼 인식했다. 이처럼 여러 학문 분야에서 경관을 다루게 되면서, 경관은 더 이상 감상의 대상이 아니라, 과학적으로 연구할 수 있는 대상이라는 인식이 자리 잡게 되었다.

문화유산이 된 경관

경관 연구를 가장 활발하게 주도해 온 분야는 지리학이다. 그중에서도 독일 지리학이 큰 영향을 미쳤다. 독일의 지리학자 오토 슐뤼터(Otto Schlüter)는 경관을 지리학의 핵심 주제로 끌어올리며, '경관 지리학'이라는 새로운 연구 영역을 개척했다. 그는 경관을 인간의 손이 닿지 않은 '자연 경관'과 인간 활동으로 변화된 '문화경관'으로 나누고, 지리학은 문화경관에 주목해야 한다고 강조했다.

슐뤼터의 이론은 훗날 미국의 지리학자 칼 O. 사우어(Carl O. Sauer)에게 영향을 미쳤다. 사우어는 1925년에 발표한 논문 「경관 형태론(The Morphology of Landscape)」에서 문화경관을 '인간의 문화 활동이 자연에 영향을 미쳐 만들어진 역사적 결과물'로 정의했다. 그는 경관에 담긴 문화의 흔적을 분석하는 일이 지리학의 핵심 과제라고 강조했다.

사우어의 이론은 학계뿐만 아니라 국제 사회에도 영향을 미쳤다. 1992년, 유네스코 세계유산위원회는 세계유산 협약의 운영 지침을 개정하며 '문화경관'을 세계유산의 한 범주로 공식 채택했다. 위원회는 문화경관을 '자연환경과 인간 활동의 오랜 상호 작용으로 형성된 지역'으로 정의했다. 그리고 경관에는 공동체의 전통적인 생활 방식과 인류의 중요한 역사적 증거가 남아 있다고 강조했다. 이는 사우어의 주장과 맞닿은 내용으로, 그가 문화경관 개념을 주창한 지 약 67년 만에 그의 생각이 전 세계의 기준이 된 셈이다.

사우어의 동료들과 제자들은 미국 캘리포니아 대학교의 버클리 캠퍼스를 중심으로 모여 '버클리 학파(the Berkeley School)'를 결성했다. 이들은 사우어의 문화경관 이론을 더욱 깊이 다듬고 체계적으로 발전시켰다. 이들은 문화경관을 지리학의 핵심 주제로 정하고, 전통문화의 흔적이 남아 있는 농촌 마을을 주요 연구 대상으로 삼았다. 버클리 학파에게 경관은 단순히 '보는 대상'이 아니라 그 안에 담긴 문화의 흔적을 읽어야 할 '텍스트'와 같았다. 그들은 '인간이 자연환경을 어떻게 변화시켜 왔는가?', '그 변화는 경관에 어떤 흔적을 남겼는가?' 같은 질문을 중심으로 문화경관을 탐구했다. 그들은 실증적 연구 방법을 주로 이용했으며 현장 조사를 통해 경관에 담긴 문화의 기록을 밝히고자 했다.

경관을 보는 새로운 눈: 신문화지리학

시간이 지나면서 버클리 학파의 경관 이론에 대한 비판이 제기되었다. '신문화지리학자(new cultural geographers)'로 불리는 연구자들은 버클리 학파가 경관을 지나치게 객관적이

세계유산 목록에 등재된 호주의 울루루-카타 추타 국립공원(Uluru-Kata Tjuta National Park)

호주 중부에 있는 '울루루-카타 추타 국립공원'은 1987년에 유네스코 세계 자연유산으로 먼저 등재되었고, 1994년에 원주민 아난구(Anangu)의 문화적 가치를 인정받아 복합유산으로 추가 등재되었다. 자연과 문화가 어우러진 대표적인 문화경관으로 평가받는 이곳은 한때 자연경관으로만 주목받았지만, 이제는 원주민의 신앙과 언어, 삶의 방식이 깃든 문화경관으로도 다시 조명받고 있다. 사진: Simon Maisch (Unsplash 제공)

고 중립적인 대상으로만 다루었다고 비판했다. 이들은 경관에 숨겨진 권력, 이데올로기, 사회적 담론을 간과했다고 지적했다. 이러한 비판을 이끈 주요 인물로 데니스 코스그로브(Denis Cosgrove), 제임스 던컨(James Duncan), 도날드 미첼(Donald Mitchell)이 있다. 이들은 경관을 권력과 이데올로기를 구성하고 드러내는 장치로 새롭게 보았다.

니콜라 푸생, 《고요한 풍경(Landscape with a Calm)》, 1650년경, 로스앤젤레스 J. 폴 게티 미술관

코스그로브는 풍경화에 사용된 원근법이 사람들로 하여금 자연을 통제할 수 있다는 착각을 불러일으킨다고 보았다. 그림이 원근법을 통해 감상자가 화면 전체를 내려다 볼 수 있도록 구성되어 있는데, 코스그로브에 따르면 이러한 화면 구성은 감상자에게 자연은 통제할 수 있고 세상은 질서 있게 관리될 수 있다는 생각을 심어 준다. 이미지: Artvee (퍼블릭 도메인)

특히 코스그로브는 경관을 '시각적 담론(visual discourse)'으로 정의했다. 그는 경관이 결코 중립적이지 않으며, 오히려 지배층의 가치관을 반영하고 기존의 사회 질서를 정당화하는 도구로 작동한다고 주장했다. 이러한 시각은 신문화지리학의 이론적 기반이 되었고, 문화지리학 전반에도 큰 파장을

일으켰다. 코스그로브는 풍경화에 담긴 '원근법'에도 주목했다. 그는 원근법이 사람들로 하여금 자연이 통제 가능하다는 착각을 불러일으킨다고 보았다. 그의 주장을 풍경화에 적용해 보면 쉽게 이해할 수 있다.

위 그림은 프랑스의 화가 니콜라 푸생(Nicolas Poussin)이 그린 《고요한 풍경(Landscape with a Calm)》이다. 언뜻 보면 평화로운 자연 풍경 같지만, 코스그로브의 시선으로 보면 단순히 자연을 묘사한 그림이 아니다. 원근법을 통해 지배층의 질서를 시각적으로 구성한 그림이다. 그림 속 자연은 질서 정연하게 배치되어 있고, 고전 양식의 건물도 가지런히 놓여 있다. 풍경 전체가 한눈에 조망되도록 설계된 이러한 구도는 보는 사람에게 자연을 통제하고 지배할 수 있다는 착각을 심어 준다. 코스그로브는 이렇게 풍경화에 담긴 이데올로기를 지적하며 경관은 권력의 시선이 만들어 낸 구조물이라고 주장했다.

'문화적 전환'이 바꾼 시선

코스그로브를 비롯한 신문화지리학자들의 주장은 지리학 내부의 변화로만 설명하기 어렵다. 이 변화는 20세기 후반에 학계 전반에서 일어난 '문화적 전환(cultural turn)'이라는 큰 흐름과 깊이 연결돼 있다. 문화적 전환은 오랜 기간 학문을 지배해 온 실증주의와 보편주의에 대한 비판에서 비롯되었다. 이 시기 연구자들은 기존 사고방식에서 벗어나 문화적 의미, 상징, 담론, 권력의 작동 방식을 중심으로 세상을 새롭게 이해하고자 했다. 이러한 흐름은 포스트모더니즘, 구조주의, 페미니즘, 탈식민주의 같은 사조들과 맞물려 더욱 확산되었다.

문화적 전환은 지리학에도 큰 영향을 미쳤으며, 경관을 바라보는 지리학자들의 시각을 완전히 바꿔 놓았다. 그들은 경관이 더 이상 중립적인 개념이 아니라, 특정한 시선과 의도에 의해 구성된 장치라고 보았으며, 경관에는 권력과 이데올로기가 스며 있다고 생각했다. 이 시기에 문화에 대한 시각도 달라졌다. 문화는 고정된 실체가 아니라, 인간의 활동을 통해 끊임없이 구성되고 변화하는 과정으로 여겨졌다. 인간에 관한 생각도 바뀌었다. 인간은 더 이상 보편적인 존재가 아니라 성별, 인종, 계급, 지역처럼 다양성을 지닌 주체로 이해되었다. 이처럼 20세기 후반의 문화적 전환은 지리학자들의 시각을 완전히 바꿔 놓았고, 이에 따라 경관 역시 새롭게 인식되기 시작했다.

한편, 1960년대부터 70년대까지 지리학에서는 실증주의가 주류 연구 방법이었다. 당시 지리학자들은 숫자와 통계를 활용해 인문 현상을 분석하려 했다. 그러나 이 방식만으로 특정 장소에 담긴 문화적 의미나 상징을 온전히 파악하기 어렵다는 비판이 제기되었다. 이러한 한계 속에서 '해석적 접근'이 새로운 대안으로 떠올랐는데, 이는 사람들의 감정과 기억처럼 수량화하기 어려운 요소들을 이해하려는 방법이다. 신문화지리학자들은 '경관에는 어떤 의미와 상징이 담겨 있는가?' 같은 질문을 던지며 경관을 해석하려 했다. 이러한 시도가 계속 이어지면서 경관은 점차 공동체 기억과 문화적 의미가 담긴 '텍스트'로 인식되기 시작했다.

정리하자면, 19세기 과학의 발전이 경관을 '분석할 대상'으로 바라보게 했다면, 20세기 후반의 문화적 전환은 경관을 '해석할 이야기'로 인식하게 했다. 다시 말해, 19세기와 20세기를 거치며 경관은 시각적 감상의 대상이 아니라, 객관적으로 연구할 대상이자 삶의 흔적이 담긴 기록으로 이해되기 시작했다. 이러한 인식의 변화에 따라 지리학의 관심도 자연스럽게 자연환경에서 도시와 일상 공간으로 옮겨갔다.

이러한 흐름 속에서 새롭게 주목받은 개념이 바로 '일상 경관'이다. 일상 경관은 말 그대로 사람들이 매일의 삶 속에서 자연스럽게 형성한 공간을 말한다. 매일 오가는 골목길, 그 길가에 놓인 벤치, 그 옆의 나무 한 그루처럼 일상에서 만들어지는 모든 장면이 일상 경관이다. 여기에는 눈에 보이는

일상 경관으로서 미국의 주택과 잔디밭

존 B. 잭슨은 저서 『폐허의 필요성(The Necessity for Ruins and Other Topics)』에서 미국의 잔디밭이 있는 교외 주택을 사회적·문화적 의미를 지닌 공간으로 보았다. 그는 잔디밭이 자연을 통제하려는 인간의 욕망을 보여 주며, 미국 중산층의 삶의 방식과 가치관을 상징한다고 말했다. 사진: Roger Starnes Sr (Unsplash 제공)

요소뿐만 아니라, 그곳에 얽힌 사람들의 기억, 감정, 이야기처럼 눈에 보이지 않는 요소도 함께 담겨 있다. 20세기 문화적 전환 이후, 많은 연구자가 이러한 평범한 생활 공간에 주목하기 시작했다.

일상 경관이라는 개념을 처음 제시한 사람은 미국의 경관 전문가 존 B. 잭슨(John B. Jackson)이다. 그는 저서 『토착 경관의 발견(Discovering the Vernacular Landscape)』에서 고속도로 휴게소, 주차장, 교외 주택가처럼 그동안 하찮게 여겨졌던 장소들이야말로 현대 미국의 진정한 모습을 보여 주는 토착 경관이라고 주장했다. 기존 지리학자들이 농촌 마을이나 역사적 유적지처럼 특별한 장소에서 문화의 흔적을 분석했다면, 잭슨은 사람들이 살아가는 주거지와 출퇴근하는 도로 같은 일상 공간에서 경관의 의미를 읽었다. 그는 경관을 일상이 펼쳐지는 '삶의 무대'로 정의하고, 연구의 초점을 자연 풍경에서 우리 주변의 생활 공간으로 옮겼다. 잭슨은 평범해 보이는 장소에서도 사회적, 문화적 의미를 발견할 수 있다고 강조하며, 경관을 '보는 것'에서 '해석하는 것'으로 전환하려 했다. 그의 시선은 이후 많은 연구자에게 영향을 주어, 길가의 간판이나 골목길의 낡은 담벼락 같은 사소한 공간에서도 의미를 찾는 연구로 이어졌다.

평범한 공간을 보는 두 개의 눈

지금까지 살펴본 내용을 바탕으로, 칼 O. 사우어와 존 B. 잭슨이 '일상 경관'을 어떻게 바라봤을지 비교해 보자. 예를 들어, 어느 도시 외곽에 버스 정류장이 있다고 하자. 그곳에는 낡은 벤치 하나가 놓여 있고 정해진 시간에만 버스와 사람들이 오갈 뿐이다. 특별한 건축물이나 역사적인 사건이 없는 평범한 공간에 대해 두 학자라면 어떻게 해석했을까?

사진: Robin Edqvist (Unsplash 제공)

어느 도시 외곽의 버스 정류장

사우어는 경관을 '인간의 문화 활동이 자연에 남긴 역사적 결과물'로 보았다. 그래서 그는 농촌 마을이나 전통 농경지, 고대 유적지처럼 시간의 흔적과 문화적 층위가 뚜렷하게 남아 있는 장소에 관심을 가졌다. 그의 관점에서 도시 외곽의 버스 정류장은 경관으로 보기 어렵다. 오래된 건축물이나 역사적인 장소도 아니기 때문이다. 그에게 버스 정류장은 버스를 타기 위해 잠시 머무는 기능적인 공간에 불과할 것이다.

반면 잭슨은 사우어와 달리 경관을 '사람들의 삶이 펼쳐지는 무대'로 보았다. 그의 관점에서 버스 정류장은 단순히 버스를 기다리는 장소가 아니라, 일상의 다양한 경험과 의미를 담고 있는 공간이다. 잭슨이었다면 버스 정류장에서 출퇴근하는 사람들의 지친 표정, 학생들의 즐거운 대화, 누군가를 기다리는 설렘, 버스 시간표 옆에 붙은 광고지 등 주관적인 감정과 이야기에 주목했을 것이다. 그에게 버스 정류장은 매일의 삶이 쌓여 형성된 경험의 장소였을 것이며, 그 안에서 의미와 감정을 발견하려 했을 것이다. 사우어가 무심코 지나쳤을 그곳에서 잭슨은 이렇게 말했을지도 모른다. "이곳도 경관이다. 그리고 여기에 삶의 의미가 있다."

그런데 오늘날 우리가 살아가는 대부분의 공간은 버스 정류장처럼 평범하다. 그러나 겉보기에 평범해 보여도, 그런 장소들이야말로 현대인의 삶과 문화를 가장 솔직하게 보여주는 경관이라 할 수 있다. 이러한 평범한 경관을 통해 지금 우리 사회가 어떤 가치를 추구하고 있는지, 어떻게 살아가고 있는지 알 수 있다. 이런 점에서 일상 경관은 우리 삶을 이해하는 데 꼭 필요한 열쇠라고 할 수 있다. 다음 장에서는 일상 경관이 오늘날 어떤 의미를 지니고 왜 중요한지 더 깊이 살펴보려 한다.

4. 살고 싶은 동네의 조건, 일상 경관

 오늘날 경제적 여유와 삶에 대한 기대가 높아지면서, 사람들은 '어디에서 어떻게 더 잘 살 것인가'를 고민하기 시작했다. 이 장에서는 달라진 사회에서 '일상 경관'이 왜 중요한지, 어떤 가능성을 품고 있는지를 세 가지 측면에서 살펴본다. 먼저, 삶의 여유가 일상 경관을 바라보는 시선에 어떤 변화를 불러왔는지 알아본다. 다음으로, '워라밸' 문화의 확산이 '살고 싶은 동네'의 기준을 어떻게 바꾸었는지 살펴본다. 마지막으로, 평범한 일상 경관이 어떻게 '복지'의 시작점이 될 수 있는지 생각해 본다.

일상 경관에 관한 새로운 욕구

경제가 발전하면서 우리 삶은 훨씬 편리하고 풍요로워졌다. 먹거리는 풍족해졌고 주거 환경은 안락해졌으며, 교육과 의료 서비스도 비교적 안정적으로 이용할 수 있게 되었다. 이러한 변화는 사람들의 관심사를 바꾸어 놓았다. 과거에는 '어떻게 먹고 살 것인가'를 중요하게 여겼다면, 이제는 '어떻게 의미 있게 살 것인가'를 묻는 이들이 늘고 있다.

심리학자 아브라함 매슬로우(Abraham H. Maslow)는 이러한 변화를 욕구 이론으로 설명했다. 그는 인간의 욕구가 계단처럼 위계적으로 확장한다고 보았다. 그는 인간이 생리적 욕구를 충족하면 안전 욕구, 소속과 사랑의 욕구, 그리고 자아실현 욕구의 순서로 더 높은 수준의 욕구를 추구한다고 설명했다. 과거에는 기본적인 욕구만 충족되어도 만족했지만, 사회가 풍요로워지면서 사람들은 자신의 잠재력을 발휘하고 가능성을 펼치는 자아실현 욕구를 더 중요하게 생각하게 되었다.

이러한 변화는 공간에 대한 욕구에도 영향을 미쳤다. 과거에는 집 한 채를 마련하는 것만으로 만족했다. 주거 공간이 있다는 사실 자체로 안정감을 느꼈기 때문이다. 반면 오늘날 사람들은 단순히 거주하는 공간을 넘어 삶의 이상까지 실현할 수 있는 공간을 원한다. 생활 수준이 높아지고 기본적인 욕구가 충족되면서 공간에 대한 기대 역시 달라진 것이다. 이제 사람들은 편리함은 물론, 안정감과 감각적인 즐거움을 제공하는 공간을 찾는다.

오늘날 사람들은 주택을 선택할 때 과거처럼 면적, 위치, 보안 등 객관적인 조건만 고려하지 않는다. 집이 주는 느낌, 창밖 풍경, 동네 분위기처럼 감각적인 요소도 함께 살핀다. 이러한 요소들은 삶을 더욱 풍요롭게 하고 우리가 바라는 욕구를 충족시켜 주기 때문이다. 예를 들어, 창밖으로 숲이 보이고 햇살이 부드럽게 들어오는 집은 그 자체로 심리적 안정과 여유를 준다. 동네에 작은 카페 하나가 있다면 그곳에 흐르는 음악과 커피 향이 일상을 조금 특별하게 만들어 준다. 또한 동네 풍경이 고유한 매력을 지닌다면, 그곳에 사는 사람들은 자연스럽게 자부심을 느끼게 된다.

이처럼 생활 수준이 높아지고 사람들의 욕구가 달라지면서 공간을 바라보는 시각 또한 변화했다. 그에 따라 '일상 경관'에 대한 관심도 커졌다. 다시 말해, 동네 풍경이 삶의 만족도에 영향을 미치기 시작하면서 일상 경관의 중요성이 부각된 것이다. 유럽은 이러한 변화에 일찌감치 주목했다. 일상 경관의 문제를 사회 전체가 함께 책임져야 할 과제로 인식하고, 이를 제도적으로 뒷받침하려는 노력을 기울였다. 그 대표적인 결과가 바로 2000년에 채택된 「유럽경관협약」이다.

20세기 후반, 유럽은 급속한 산업화와 도시화를 겪었다. 신도시는 우후죽순처럼 생겨났고, 공장과 고속도로는 끝없이 들어섰다. 그 과정에서 오랫동안 지켜 온 전통적인 경관은 사라졌고, 마을마다 지니던 고유한 정체성도 흐릿해졌다. 주택난을 해결하겠다며 추진된 개발 정책은 하나같이 양적 공급에만 초점을 맞췄다. 그 결과, 어디를 가든 비슷한 콘크리트 건물이 도시를 뒤덮었다. 영국과 프랑스도 예외가 아니었다. 좁은 땅에 아파트와 빌딩이 빽빽이 들어서면서 공원이나 정원 같은 녹지 공간은 점점 줄어들었다. 휴식 공간이 줄어드니 마음의 여유도 사라지고 삶의 만족도 낮아졌다. 이러한 경험을 겪으면서 유럽은 '주거지 경관의 질이 곧 삶의 질'이라는 깨달음을 얻게 되었다. 이러한 인식이 사회 전반으로 확산되면서, 주거지의 경관도 사회가 함께 책임지고 가꿔야 할 영역이라는 생각이 자리 잡았다. 이러한 흐름 속에서 「유럽경관협약」이 채택되었다.

이 협약에서 가장 주목할 점은 경관을 바라보는 '시각'이 근본적으로 바뀌었다는 것이다. 그동안 경관이라고 하면 아름다운 자연이나 유명한 관광지만 떠올리곤 했다. 하지만 「유럽경관협약」은 기존 시각과 달리, 평범한 '일상 경관'과 심지어 '훼손된 경관'까지 경관의 범주에 포함했다. 이는 경관을 '특별한 장소'에서 '삶의 터전'으로 바라보는 인식의 전환을 뜻한다. 눈여겨볼 또 다른 점은 협약에서 '경관의 질은 삶의 질과 연결된다'라는 사실을 분명히 못 박았다는 것이다. 협약 전문에 '경관은 삶의 질과 복지에 영향을 주는 중요한 부분'이라고 명시되어 있다. 이에 따라 유럽은 '보기 좋은 풍경'을 유지하는 일에 그치지 않고, 사람들이 '살고 싶은 경관'을 만드는 일에 더욱 힘을 쏟고 있다.

프랑스는 유럽 국가들 가운데 일상 경관을 가장 적극적으로 제도와 정책으로 관리해 온 나라다. 1993년에 '경관의 보호 및 향상을 위한 법률(Loi Paysage)'을 제정하여 다양한 방식으로 일상 경관을 관리해 왔다. 그중에서 특히 눈에 띄는 정책은 시민 참여형 '경관 관찰소(Observatoire citoyen des paysages)'다. 이 정책은 주민들이 자신이 사는 동네를 직접 둘러보며 경관의 변화를 기록하는 방식으로 운영된다. 예를 들어, 전신주나 골목 벤치 위치, 창문 모양 등 사소한 변화를 사진으로 기록하고 공유한다. 프랑스는 이처럼 작은 변화들이 모여 경관을 바꾸고 마을의 정체성에도 영향을 미친다고 여긴다.

프랑스를 비롯한 유럽의 여러 나라는 경관이 주민의 삶과 지역 정체성에 중요한 역할을 한다고 보고 시민과 함께 이를 관리하고 있다. 이러한 접근은 오늘날 경관 정책이 나아가야 할 방향을 잘 보여 준다. 이제 우리도 경관에 대한 관점을 바꿔야 한다. 경관을 '보는 풍경'으로만 인식할 것이 아니라, 사람들이 살아가는 '삶의 기반'으로 바라볼 수 있어야 한다. 그래야 높아진 사람들의 욕구에 부응하는 주거 정책을 수립하고, 이를 통해 시민들은 일상에서 더 큰 만족과 의미를 느낄 수 있다.

퇴근 후 동네 풍경이 워라밸을 완성한다

예전에는 집을 고를 때 교통이나 편의 시설 같은 편리함을 가장 중요하게 여겼다. 하지만 요즘 분위기가 달라졌다. 이제 사람들은 '쾌적함'을 가장 중요하게 생각한다. 집 근처에 공원이 있고 조용히 쉴 수 있는 동네가 인기가 많다. 주택산업연구원은 앞으로 주택 수요가 '역세권'에서 '공세권'으로 옮겨 갈 것으로 전망했다. 공세권은 집 앞마당처럼 공원을 가까이에서 누릴 수 있는 주거지를 말한다. 이러한 수요는 일시적인 유행으로 그치지 않을 것이다. 워라밸을 중시하는 사람들이 꾸준히 증가하고 있기 때문이다. 통계청의 최근 사회 조사에 따르면 성인 2명 중 1명은 워라밸을 가장 중요한 가치로 꼽았으며, 이 비율은 2011년 첫 조사 이래 계속 증가해 왔다.

'워라밸(work-life balance)'은 말 그대로 일과 삶의 균형을 뜻한다. 그러나 단순히 일을 덜 하자는 의미가 아니다. 일과 생활 사이의 건강한 균형을 이루어 자율성과 삶의 질을 높인다는 의미다. 이 개념은 1970년대 장시간 노동이 사회적 문제로 떠오르면서 주목받기 시작했다. 이후 여성의 경제 활동이 활발해지고 일과 가정의 조화를 고민하는 사람들이 증가하면서 워라밸이 하나의 사회적 요구로 자리 잡았다. 2000년대 들어 정보 기술이 빠르게 발전하면서, 노트북과 스마트폰만 있으면 언제 어디서나 일할 수 있는 환경이 조성됐다. 여기에 2020년 코로나19 팬데믹을 계기로 재택근무와 유연 근무가 확산되면서 워라밸은 우리 사회 전반의 중요한 가치로 자리 잡았다.

  워라밸은 일과 삶의 경계를 허물며 사람들에게 '주거'의 의미를 다시 생각하게 했다. 워라밸을 중시하는 이들에게 집은 단순히 잠만 자는 공간이 아니다. 하루의 피로를 풀고 마음의 균형을 되찾는 회복의 장소다. 이들은 퇴근 후에 집 근처 공원에서 산책하거나 주말에 가족과 함께 여가를 즐길 수 있는 환경을 원한다. 숲과 나무, 하늘이 어우러진 풍경은 이들에게 좋은 집을 고르는 중요한 기준이 된다. 또한 재택근무와 유연 근무가 보편화되면서 도심에서 다소 멀더라도 주거 환경이 만족스러우면 이주를 고려하는 이들이 늘고 있다. 이는 삶의 무게 중심이 노동에서 정주로, 직업에서 생활 환경으로 이동하고 있음을 보여 준다.

세계 각국은 워라밸의 확산과 달라진 주거 수요에 발맞춰 새로운 도시 정책을 추진하고 있다. 대표적인 사례가 프랑스의 '15분 도시(La ville du quart d'heure)'다. 이 개념은 어린이집, 학교, 시장, 병원, 공원처럼 일상생활에 필요한 시설들을 집에서 도보나 자전거로 15분 이내에 이용할 수 있게 하자는 것이다. 15분 도시는 단순한 도시 재편 사업이 아니다. 이동 시간을 줄여 그 시간을 가족과 여가에 쓸 수 있도록 하려는 새로운 도시 설계 방식이다. 이를 위해 프랑스는 주거 지역에 근린 생활 시설을 고르게 배치하고 자전거 도로를 확충했으며, 교통 환경을 보행자와 대중교통 중심으로 재구성했다.

프랑스가 생활 편의와 시간 활용에 초점을 맞췄다면, 스웨덴은 정서적 안정과 인간관계의 회복에 중점을 두었다. 대표적인 사례가 '코하우징(cohousing)'이다. 이는 개인 공간은 유지하면서 부엌, 세탁실, 놀이방, 텃밭 같은 공용 공간을 이웃과 함께 사용하는 주거 방식이다. 아이를 키우는 가족, 돌봄이 필요한 노인, 혼자 사는 청년이 함께 공용 공간을 이용하며 돌봄 관계를 맺고 정서적 안정감과 삶의 여유를 높인다. 이처럼 프랑스와 스웨덴은 '워라밸'이라는 화두 앞에서 일상 공간을 거주의 틀로만 보지 않고 삶의 질을 높이는 토대로 활용하고 있다.

워라밸은 앞으로 더욱 확산할 것이다. 사람들의 가치관이 자율성과 삶의 질을 중시하는 방향으로 바뀌고 있기 때문이다. 특히 이러한 변화는 1980년대 초반부터 2000년대 초반 사이에 태어난 MZ세대에서 두드러진다. 이 세대는 조직에 대한 충성보다 개인의 행복과 자아실현을 더 중요하게 생각한다. 글로벌 인재 서비스 기업 란트스타트(Randstad)의 최신 조사에 따르면, 전 세계 근로자의 83%가 직장을 선택할 때 워라밸을 가장 중요하게 고려한다고 응답했으며, 이러한 경향은 MZ세대에게서 뚜렷하게 나타났다. 코로나19 팬데믹 이후 재택근무와 유연 근무가 보편화된 것도 워라밸 확산에 큰 영향을 미쳤다. 출퇴근 시간이 줄고 업무 수행 방식이 유연해지면서 '일과 삶의 균형'은 더 이상 구호가 아닌 현실이 되고 있다. 또한, 건강에 관한 관심이 높아지고 워라밸이 건강한 삶에 도움이 된다는 인식이 확산되면서 워라밸의 중요성은 더욱 커지고 있다.

워라밸 문화가 확산할수록 '일상 경관'의 중요성도 커질 수밖에 없다. 워라밸의 핵심은 근무 시간 단축에 있는 것이 아니라, 늘어난 시간을 일상의 어떤 공간에서 어떻게 보낼 것인가에 달려 있기 때문이다. 퇴근 시간이 빨라졌다고 해서 저절로 쉼이 찾아오지는 않는다. 중요한 것은 '시간'이 아니라, 그 시간을 보내는 '공간'이다. 예컨대 집 앞 도로에 차량과 소음으로 가득하고 산책할 공원 하나 없는 동네라면, 남는 시간은 또 다른 스트레스가 될 수 있다. 아무리 여유 시간이 많아도 편히 쉴 곳이 없다면 진정한 워라밸은 실현되기 어렵다. 결국 워라밸이 가능해지려면 '시간'뿐 아니라 '장소'도 함께 주어져야 한다. 이제 일상 경관은 단순한 배경이 아니다. 일과 삶의 균형을 되찾고 다시 살아갈 힘을 얻는 '삶의 기반'이다. 따라서 앞으로 도시와 주거 정책도 주택 공급 계획에 그치지 않고, 워라밸이 실현될 수 있는 일상 경관을 함께 고려해야 할 것이다.

일상 경관이 복지가 될 때

"길가의 작은 벤치처럼 소소한 일상 경관이 '복지'가 될 수 있을까?"

많은 사람이 '복지'라고 하면 행정복지센터, 복지관 같은 시설이나 의료 바우처, 생계 지원금처럼 제도적 지원부터 떠올린다. 또한 어떤 이들은 복지가 자격을 갖춘 사람만 받는 특별한 혜택이라고 생각하기도 한다. 이러한 복지에 대한 인식은 선별적 복지 정책과 무관하지 않다. 그동안 정부가 삶

길가의 작은 벤치에서 생각해 보는 복지

복잡한 도심 한쪽에, 눈에 잘 띄지 않는 벤치 하나가 있다고 생각해 보자. 누군가는 벤치에 무거운 짐을 내려놓고 잠시 숨을 고르고, 누군가는 걷기 힘들어하는 아이와 함께 앉아 쉬어 갈 것이다. 사람마다 이유는 다르지만, 그 벤치를 찾는 마음만은 같다. 그렇게 이 작은 벤치는 수많은 사람의 쉼표가 된다. 이 벤치는 단순한 도시 시설이 아니다. 아무 말 없이 모두를 받아 주는 자리이자, 말 없는 환대의 공간이다. 누구의 허락도 필요 없고, 자격을 증명할 이유도 없다. 그저 앉고 싶을 때 앉고, 머물고 싶을 때 머무르면 된다. 어쩌면 복지는 이렇게 일상의 작고 조용한 곳에서 시작되는 것이 아닐까?
사진: Nick Fewings (Unsplash 제공)

을 선별해 복지 혜택을 지원하고 그 과정에서 심사와 증빙이 따르다 보니, 복지는 일부만 누리는 혜택이라는 이미지가 굳어졌다.

하지만 복지는 신청해야만 받을 수 있는 특별한 혜택이 아니다. 일상에서 누구나 누려야 할 기본적인 삶의 조건이자, 모든 사람에게 열려 있는 보편적 권리다. 노벨 경제학상 수상자 아마르티아 센(Amartya Kumar Sen)은 "복지는 단순한 자선이 아니라, 사람답게 살 권리를 누리는 것"이라고 말했다. 1944년 미국 대통령 프랭클린 D. 루스벨트는 연두 교서에서 '제2의 권리장전(Second Bill of Rights)'을 제안하며 국가는 일자리, 집, 의료, 교육, 사회 보장 같은 기본 권리를 보장해야 한다고 역설했다. 이처럼 복지는 모든 사람이 마땅히 누려야 할 권리이며, 국가는 이를 책임지고 실현해야 한다.

그동안 복지는 행정과 제도를 중심으로 운영되었다. 그러다 보니 사람들이 일상에서 느끼는 불편이나 어려움을 제대로 살피지 못하는 때가 있었다. 이런 한계를 극복하고자 등장한 개념이 바로 '생활 복지'다. 생활 복지의 핵심은 누구나 일상에서 복지를 체감하고 누려야 한다는 점이다. 그 예시로 덴마크의 '노인 자전거 나들이(Cycling Without Age)'가 있다. 이 프로그램은 거동이 불편한 노인들이 신선한 바람을 맞으며 동네를 산책할 수 있도록, 자원봉사자가 특별 제작된 자전거에 노인을 태우고 거리를 함께 달리는 방식으로 운영된다. 또 다른 예로는 짐바브웨의 '이야기 공유 벤치(Friendship Bench)'가 있다. 정신 상담 인프라가 부족한 지역에서 훈련받은 상담사가 공원 벤치에 앉아 사람들의 이야기를 들어주고 마음을 돌보는 프로그램이다. 이처럼 생활 복지는 시설 안이 아니라 사람들이 살아가는 현장에서 작고 소박한 방식으로 실현된다.

최근에는 생활 복지의 연장선에서 '경관 복지'라는 개념도 등장했다. 이는 일상에서 마주하는 '풍경'이 정서적 안정과 심리적 회복에 영향을 미친다는 인식에서 출발했다. 경관 복지에서는 사람의 마음을 돌보고 사회적 관계를 회복하는 환경도 복지의 일부로 본다. 말하자면, 안전한 골목길, 나무 그늘에 놓인 벤치, 동네 앞 푸른 숲처럼 평범한 일상 경관 자체가 복지가 될 수 있다는 것이다.

「유럽경관협약」에는 경관 복지의 개념이 잘 나타나 있다. 협약 전문에 "경관은 사람들의 삶의 질을 구성하는 중요한 요소이자 개인과 사회 복지의 핵심이며, 경관을 보호하고 관리하는 일은 모두의 권리이자 책임"이라고 명시되어 있다. 이처럼 유럽은 경관을 삶의 질에 영향을 미치는 공공 자원이자 복지의 한 부분으로 여기고 있다.

프랑스는 「유럽경관협약」을 가장 성실하게 이행한 나라 중 하나다. 협약의 정신에 따라 경관을 시민의 권리이자 공공 자산으로 인식하고 있다. 그래서 광장, 공원, 거리 같은 일상 공간을 조성할 때도 그 공간이 주는 정서적 안정감, 사회적 연결, 건강 증진 같은 요소를 중요하게 고려한다. 사람들이 존엄하게 살아갈 수 있는 일상 공간을 만드는 일을 복지의 하나로 여기고, 이를 정책에 적극 반영하고 있다.

덴마크의 수도 코펜하겐은 '경관 민주주의'를 도시 설계

정서적 안정감을 주는 풍경

환경 심리학자 로저 울리히(Roger Ulrich)는 자연은 몸과 마음을 회복시키는 치유의 자원이라고 했다. 심리학자 부부인 스티븐과 레이첼 카플란(Stephen & Rachel Kaplan)도 과도한 집중으로 지친 정신을 회복하기 위해 자연이 필요하며, 복잡한 도시일수록 공원, 가로수, 녹지 공간이 더욱 중요하다고 강조했다. 이처럼 자연은 삶의 질과 정신 건강에 긍정적인 영향을 주는 자원이다. 따라서 누구나 일상에서 자연을 쉽게 접할 수 있는 환경을 마련하는 일은 중요하며, 이를 가능하게 하는 '경관 복지' 정책 또한 필요하다. 사진: Stephanie Klepacki (Unsplash 제공)

의 기본 원칙으로 삼아 이를 정책에 꾸준히 반영해 왔다. 시민의 건강과 삶의 안정을 뒷받침하는 일상 공간을 하나의 자원으로 인식하고, 공공 복지로 이어지도록 설계했다. 자동차보다 사람이 우선인 도시를 만들기 위해 걷기 좋은 길과 자전거 도로를 조성했고, 생활 공간 전반을 공공 복지의 기반으로 전환해 왔다. 이러한 노력 덕분에 코펜하겐은 오늘날 '삶의 질이 높은 도시'로 평가받고 있다.

이제 다시 처음의 질문으로 돌아가 보자. "길가의 작은 벤치처럼, 소소한 일상 경관이 '복지'로 기능할 수 있을까?" 프랑스와 코펜하겐은 이 질문에 대해 명확하게 답을 제시한다. "복지는 행정 기관이나 복지 시설 안에서만 찾을 수 있는 것이 아니다. 사람들이 걷고 쉬며 머무는 일상 공간에서도 실현돼야 한다."고 말한다. 거리의 벤치 하나, 나무 그늘 하나는 사람을 회복시키고 공동체를 이어 주는 회복과 돌봄의 공간이 될 수 있다. 일상 경관은 누구나 차별 없이 누릴 수 있는 생활 속의 복지 기반이자, 삶의 질을 결정짓는 중요한 요소다.

5. 지방소멸 시대, 사람을 부른 작은 경관들

많은 농촌 마을이 인구 감소로 어려움을 겪고 있는 가운데, 뜻밖의 방식으로 마을에 생기를 불어넣은 곳이 있다. 관광지를 개발한 것도, 막대한 보조금을 쏟아부은 것도 아니다. 그저 사람들이 평소에 눈여겨보지 않던 '일상 경관'을 손보고 가꿨을 뿐이다. 그런데 놀랍게도, 이 작은 변화가 마을을 다시 살아 숨 쉬게 했다. 어떻게 그런 일이 가능했을까? 지금부터 그 특별한 이야기를 함께 살펴보자.

일본 히가시카와: 생활 경관이 이주를 이끌다

철도도 없고, 국도도 없고, 심지어 수도도 없는 마을이 있다. 그런데 이곳이 일본에서 '살고 싶은 마을' 1위로 뽑혔다

논 너머로 펼쳐진 다이세츠산

히가시카와는 '홋카이도 유일의 쌀의 고장'이라는 슬로건을 내걸 정도로 벼농사가 활발하다. 마을을 걷다 보면 넓게 펼쳐진 논 풍경을 쉽게 볼 수 있다. 사진: 저자 촬영

면, 믿을 수 있겠는가? 홋카이도 다이세츠산(大雪山) 기슭에 자리한 인구 8천 명 남짓의 작은 마을, 히가시카와(東川町) 이야기다. 겉보기엔 평범한 시골 마을이지만, 전국 각지에서 사람들이 몰려들고 있다. 히가시카와는 일본 부동산 기업 조사에서 2019년부터 4년 연속 '살고 싶은 마을' 1위에 올랐다. 대체 특별한 것 없어 보이는 마을에 왜 사람들이 모여드는 걸까?

히가시키와의 이야기는 1985년으로 거슬러 올라간다. 그해 히가시카와는 마을을 되살리기 위해 '마을 전체를 피사체

로 삼겠다'라고 선언했다. 이는 단순히 사진 명소를 만들겠다는 뜻이 아니었다. 마을 전체를 '삶의 무대'로 가꾸겠다는 상징적인 선언이었다. 당시 많은 농촌이 관광지나 특산물 개발에 집중할 때, 히가시카와는 '사진의 마을'이라는 색다른 길을 택했다. 사진에 담고 싶을 만큼 마을을 아름답게 가꿔서, 누구나 살고 싶은 곳으로 만들겠다는 구상이었다. 이 계획은 선언으로만 그치지 않았다. 주택 디자인부터 공공시설 조성, 이주와 교육 정책까지 구체적으로 실천해 나갔다.

히가시카와의 선택은 기대 이상의 결과를 낳았다. 1993년부터 30년 넘게 인구가 꾸준히 증가하고 있다. 일본의 농촌 대부분이 인구 감소를 겪던 시기에도 히가시카와는 예외였다. 인구 증가의 동인은 외부 이주자였다. 2018년 기준으로 전체 인구 약 8,366명 가운데 4,738명이 다른 지역에서 이주해 온 사람들이다. 농촌 마을에서 인구의 절반 이상이 이주자라니, 일본에서 보기 드문 사례다. 특히 주목할 점은 30~40대 젊은 층의 유입이 활발하고, 출생아 수도 함께 증가하며 지속 가능한 인구 구조를 형성했다는 사실이다. 이는 히가시카와가 젊은 세대와 외부인에게 매력적인 마을임을 보여 준다.

히가시카와에는 다양한 사람들이 모여 살고 있다. 은퇴 후 자연 속에서 조용히 살고 싶은 부부, 일과 삶의 균형을 찾

히가시카와의 주택가

히가시카와는 경관 조례를 통해 마을 전체가 하나의 풍경처럼 보이도록 경관을 관리하고 있다. 주택을 지을 때 북유럽풍이나 일본 전통 양식처럼 소박하고 단정한 외관을 권장한다. 창의적인 설계도 마을 풍경과 조화를 이루는 범위 안에서만 허용한다. 사진 저자 촬영

는 젊은 부부, 자녀 교육 문제로 이사 온 가족, 외국에서 유학 온 학생까지 각양각색이다. 이들은 저마다 다른 배경과 사연을 갖고 있지만, 한 가지 공통된 바람을 이야기한다. "내 삶이 이 마을 풍경의 일부가 되었으면 좋겠어요."

작은 풍경이 일상을 풍요롭게 하면, 그 마을은 단순한 거주지를 넘어 '살고 싶은 곳'이 된다. 동네 골목, 집 앞마당, 창문 너머 산자락 같은 평범한 장면들이 삶에 안정감과 여유를 줄 때, 사람들은 그곳에 오래 머물고 싶어진다. 히가시카

와는 바로 이 단순한 사실을 오래전부터 실천해 왔다. 남에게 보여 주기 위한 화려한 미관 대신, 주민들이 살아가는 모습 그 자체를 정성껏 가꿔 왔다. 그렇게 쌓인 노력이 오늘날 이곳을 일본에서 '가장 살고 싶은 마을'로 만들었다.

히가시카와는 왜 '사진'을 선택했을까?

'사진의 마을'이라고 하면 포토 존이 즐비한 관광지를 떠올리기 쉽다. 사람들이 명소에서 인증 사진을 찍고 소셜 미디어에 올리는 모습도 쉽게 그려진다. 하지만 히가시카와가 내건 슬로건은 그런 의미가 아니었다. '사진의 마을'은 사진 찍기 좋은 장소가 아니라, 사진을 통해 마을을 새롭게 바라보겠다는 상징적인 표현이었다. 평범한 일상을 사진에 담고 싶을 만큼 아름답게 가꾸겠다는 다짐이자, 모두가 살고 싶은 마을을 만들겠다는 선언이었다.

히가시카와 사람들에게 '사진'은 단순한 촬영 도구가 아니었다. 일상을 다시 보게 해주는 '눈'이자 평범한 마을에 숨어 있는 아름다움을 발견하게 해 주는 '방법'이었다. 평소 지나치던 논밭도 사진으로 찍으면 다르게 보이듯, 주민들은 사진을 통해 익숙한 일상을 새롭게 바라보았다. 그리고 마을 사진을 모아 전시회를 열면서 자신들이 살아가는 공간의 가

히가시카와 초등학교

히가시카와는 누구나 살고 싶은 마을을 만들기 위해 육아와 교육 정책에도 공을 들였다. 히가시카와 초등학교(東川小学校)는 창의적이고 개방적인 교육으로 널리 알려져 있다. 이 때문에 도시의 획일적인 입시 교육에 지친 부모들이 이곳으로 이주해 오고 있다. 사진: 저자 촬영

치를 새롭게 인식했다. 군청은 국제 사진 대회를 열어 히가시카와의 매력을 전국에 알렸다. 히가시카와의 일상 경관에는 사람의 시선을 사로잡는 힘이 있었고, 사진은 그 매력을 발견하고 알리는 창이었다.

히가시카와는 사진이 잘 나오는 명소를 만들기보다, 일상에서 자연스럽게 드러나는 모습을 가꾸고자 했다. 길가의 벤치, 마당에 널린 빨래, 골목길을 뛰노는 아이들처럼 일상에서 자연스럽게 빚어진 장면을 소중히 여겼다. 주민들은 그런

순간을 사진에 담았고, 그 사진들은 사람들의 마음을 사로잡는 마을의 얼굴이 되었다.

히가시카와 성공 사례가 알려지자, 한국의 여러 지방자치단체가 관심을 보였다. 강원도 영월군도 그중 하나였다. 영월군은 2010년부터 히가시카와와 교류하며 '사진의 마을'이라는 개념을 도입하려 했다. 지역 이미지를 알리고 브랜드를 구축하기 위해 사진을 주제로 한 '동강국제사진제'를 개최하기도 했다. 하지만 이러한 시도는 히가시카와의 의도를 제대로 이해하지 못한 데서 비롯된 것이다. 영월군은 '사진의 마을'을 '사진으로 유명해진 마을'이나 '사진을 브랜드로 삼은 마을' 정도로만 받아들인 것으로 보인다.

히가시카와 사람들에게 '사진'은 단순한 홍보 수단이 아니었다. 그들에게 사진은 일상을 바라보는 방식이자, 마을을 만들어 가는 감각이었다. 벤치 하나를 놓을 때도 '여기에 앉은 모습을 사진으로 찍으면 어떻게 나올까?'를 떠올렸다. 공터를 조성할 때도 '아이들이 이곳에서 뛰노는 모습을 사진으로 찍으면 어떤 느낌일까?'를 상상했다. 사진이라는 감각을 통해 주민들은 자신들의 삶과 마을 분위기를 끊임없이 되돌아보았다. 그렇게 쌓인 고민은 조례로 이어졌고, 건축 설계와 행정 운영에도 반영되었다. 그 결과, 히가시카와는 일상의 장면이 아름다운 마을, 오래 머물고 싶은 마을로 거듭났

'사진 문화의 수도' 간판이 붙은 히기사카와 청사 건물(왼쪽), 사진 고시엔 포스터(오른쪽)

히가시카와는 '사진의 마을'에서 한 단계 더 도약하기 위해 2014년에 '사진 문화의 수도'를 선포했다. 사진을 매개로 문화와 교육의 거점이 되겠다는 목표를 세운 것이다. 이를 계기로 국제 사진 페스티벌을 비롯해, 전국 고등학교 사진 대회인 '사진 고시엔', '세계 사진가 교류 프로그램' 등 다양한 행사가 활발하게 열리고 있다. 사진: 저자 촬영

다. 히가시카와 같은 변화를 꿈꾼다면, 먼저 이런 질문부터 해야 한다. "왜 사진이었을까?", "그들에게 사진은 어떤 의미였을까?" 이런 물음이야말로 새로운 변화를 여는 열쇠가 될 수 있다.

경관은 배경이 아닌 삶의 조건

히가시카와에 방문했을 때, 가장 먼저 눈에 들어온 장면은 잘 정돈된 논밭과 그 사이를 흐르는 물길, 수평선을 따라 나란히 들어선 집들이었다. 그 너머로 마을을 묵직하게 감싸는 다이세츠산이 병풍처럼 펼쳐져 있었다. 이어 감각적인 디자인 간판, 길가에 놓인 벤치, 나뭇가지가 늘어진 작은 오솔길이 시야에 들어왔다. 이 모든 것이 눈에 띄려고 애쓰지 않는데도 섬세하게 어우러져 하나의 풍경처럼 다가왔다. 그래서인지 히가시카와의 첫인상은 오래도록 기억에 남아 있다.

이런 경관은 겉모습만 다듬는다고 생겨나지 않는다. 일상의 장면 하나하나를 소중히 여기고 시간을 들여 정성껏 가꿔야만 만들 수 있다. 히가시카와는 경관을 '삶의 품격이 드러나는 무대'이자 '마을을 지탱하는 기반'으로 여기며 오랫동안 관리해 왔다. 이러한 태도가 바로 지금의 히가시카와를 만들었다.

히가시카와의 경관 철학은 인근의 후라노(富良野市)와 비교하면 더욱 명확하게 드러난다. 홋카이도 중부에 위치한 후라노는 라벤더 꽃밭으로 유명한 관광 도시다. 이 꽃밭은 관광 목적으로 인위적으로 조성되었으며, 꽃이 만개하는 여름철이면 150만 명이 넘는 국내외 관광객이 몰려든다. 후라노

히가시카와의 상점가 간판

히가시카와 상점가의 간판은 감각적이면서 주변 경관과 자연스럽게 어우러지는 디자인으로 유명하다. 눈에 띄려 애쓰기보다는 풍경 속에 조화롭게 스며드는 절제된 감각이 거리 전체의 품격을 높인다. 사진: 저자 촬영의 구릉과 농촌 풍경은 원래 자연적으로 형성된 것이지만, 일부는 관광객의 관심을 끌기 위해 인위적으로 조성되었다. 이렇게 후라노의 경관이 관광용 볼거리로 바뀌면서 관광객 수는 늘었지만, 그만큼 주민들의 불편도 커졌다. 라벤더 시즌이 되면 관광버스와 차량이 마을로 몰려들어 주민들은 통행에 큰 불편을 겪는다. 일부 관광객은 사진을 찍겠다며 주민의 밭이나 마당까지 무단으로 들어가는 등 사생활 침해 문제도 발생했다. 이런 상황이 반복되자 주민들은 정신적 피로감을 호소하며, '이 마을의 주인은 더 이상 우리가 아니다'라는 정체성 혼란까지 겪고 있다.

후라노는 경관을 관광객을 위한 '볼거리'로 보았다면, 히가시카와는 경관을 주민의 일상이 펼쳐지는 '삶의 무대'로 바라보았다. 다시 말해, 히가시카와는 경관을 누군가에게 보여 주기 위한 전시물이 아니라, 사람들이 살아가는 데 필요한 조건으로 여겼다. 히가시카와는 유명 관광지나 역사 유적지만을 경관으로 보지 않았다. 아이들이 뛰노는 골목, 나무 그늘에 놓인 벤치, 상점의 작은 간판까지 모두 경관을 이루는 중요한 요소로 생각했다. 이러한 인식의 차이는 마을의 외관뿐 아니라 마을이 그리는 미래의 모습까지도 달라지게 했다. 후라노가 잠시 들르는 관광지라면, 히가시카와는 오래 머물고 싶은 마을이 되었다. 경관을 관광 자원으로 보느냐,

히가시카와 문화교류센터 '센토퓨어'

 이곳은 '센토퓨어(CentPure)'라는 이름의 문화교류센터로, 도서관, 일본어 학교, 전시실, 카페, 다목적 홀 등이 한데 모여 있다. 이 센터는 원주민과 이주민 사이의 교류를 촉진하는 허브 역할을 하며, 이주민의 정착을 돕고 공동체를 형성하는 데에도 중요한 역할을 한다. 세계적인 건축가 쿠마 켄고(Kengo Kuma)가 건물 디자인을 맡아 국제적인 명성을 더했다. 또한 이곳은 사진 고시엔, 국제 사진 페스티벌, 전시회, 워크숍 등 다양한 행사가 열리는 공간으로 활용된다. 사진: 저자 촬영

삶의 터전으로 보느냐에 따라 마을이 선택하는 정책의 방향도 달라질 수밖에 없다. 이러한 점에서 히가시카와는 단순히 도시 재생 사례로만 보기엔 부족하다. 삶이 깃든 일상 경관이 어떻게 사람을 끌어들이고 마을에 생기를 불어넣는지를 보여 주는 생생한 증거라 할 수 있다.

일본 시타마치·영국 포켓 파크·강원 고한읍:
골목 정원이 만든 일상의 회복

요즘 동네 분위기를 바꾼다며 벽화를 그리는 마을이 부쩍 늘었다. 하지만 대부분 외부 예술가나 단체가 주도하고, 정작 주민들은 구경꾼이 되기 쉽다. 이렇게 주민 참여 없이 그려진 벽화는 시간이 지나면서 색이 바래고 벗겨져, 오히려 마을 분위기를 해치는 경우가 많다. 더 큰 문제는 이런 방식이 전국으로 퍼지면서 마을 고유의 색이 점차 사라지고 있다는 점이다. 어디를 가든 비슷한 벽화가 반복되며 마을 모습이 획일화되고 있다.

이러한 상황에서 강원도 정선군 고한읍은 색다른 방법으로 마을 경관을 정비해 주목받고 있다. 주민들이 스스로 집 앞 골목이나 공터에 화분을 내놓고 작은 정원을 만들기 시작한 것이다. 크고 화려하지는 않지만 이웃과 함께 가꾼 정원은 마을의 분위기를 서서히 바꿔 놓았다. 흥미로운 사실은 이러한 움직임이 고한읍에만 국한된 일이 아니라는 점이다. 일본 도쿄의 '시타마치'라 불리는 오래된 동네에서도, 영국의 여러 도시에서도 골목을 꽃으로 가꾸는 실천이 이어지고 있다. 작은 화분 하나가 골목의 표정을 바꾸고 경관을 바라보는 시선마저 달라지게 하고 있다. 이제부터 그 이야기를 함께 살펴보자.

일본 시타마치 지역, 골목 녹화 운동

도쿄에는 '시타마치(下町)'라 불리는 오래된 동네들이 있다. 근대에 형성된 전통적인 서민 주거지로, 자동차 한 대 지나가기 어려울 만큼 좁은 골목과 다닥다닥 붙어 있는 목조 주택이 특징이다. 이곳은 주택이 밀집해 있어 공원을 조성할 여유 공간이 부족하다. 그런데 어느 날 이 동네가 바뀌기 시작했다. 한 주민이 집 앞에 화분을 내놓자, 이웃들도 하나둘 따라 하기 시작한 것이다. 창가 아래, 담벼락 밑, 자투리 공간마다 화분이 놓이면서 골목길은 점차 작은 정원으로 바뀌어 갔고, 동네 분위기도 한층 밝아졌다.

시타마치 '골목 녹화 운동(路地園芸活動)'은 주민 주도로 일상 경관을 변화시킨 대표적인 사례다. 특정 기관이나 단체가 아닌 주민이 주체가 되어 변화를 이끌어 냈다는 점에서 그 의미가 크다. 주민들은 담장 밑이나 공터에 화분과 분재를 놓고 집 앞 골목을 손수 가꾸었다. 이런 자발적 활동은 "집 앞 꽃이 예쁘네"라는 칭찬에서 시작해, "우리 동네도 한번 바꿔 보자"라는 실천으로 이어졌다. 지역 행정은 이 움직임에 주목해 예산을 지원하거나 우수 정원 경연 대회를 개최하는 방식으로 주민 활동을 뒷받침했다.

이 운동은 단순히 골목의 겉모습만 바꾼 게 아니었다. 사

화분으로 꾸며진 도쿄의 어느 골목길

람들은 매일 화분에 물을 주러 나오며 이웃과 자연스럽게 인사를 나누었고, 그 과정에서 관계도 가까워졌다. 이 운동을 통해 경관에 대한 인식도 바뀌었다. 평범한 골목길도 경관이 될 수 있다는 생각이 퍼지기 시작한 것이다. 현재 시타마치의 골목 정원은 도쿄를 대표하는 경관 중 하나로 꼽히며, 이를 소개하는 안내 책자도 발간되었다. 시타마치 '골목 녹화 운동'은 적은 비용으로 일상 경관을 바꾸고 주민의 행복감까지 높인 성공 사례라 할 수 있다.

영국, 포켓 파크

도시 내 자투리땅을 활용해 일상 경관을 회복한 사례는 일본만의 이야기가 아니다. 영국에서도 '포켓 파크(pocket parks)'라는 이름으로 생활 경관이 개선되고 있다. 차이점이 있다면, 일본은 주민 중심의 풀뿌리 운동에 가깝다면, 영국은 중앙 정부가 추진한 사업이라는 점이다. 포켓 파크는 말 그대로 주머니처럼 작은 공간에 조성된 공원을 뜻한다.

영국은 급속한 산업화로 방치된 땅이나 유휴 시설은 많지만, 주민을 위한 공원이나 녹지대가 부족하다. 이를 해결하기 위해 영국 정부는 잉글랜드 전역에 포켓 파크를 최대 100곳까지 조성할 계획을 세웠고, 2015년에만 약 150만 파운드(한화 약 25억 원)을 투입했다. 포켓 파크는 도시의 공터, 건물 사이 틈, 도로 가장자리 등에 녹지, 쉼터, 놀이터 같은 공간을 만들어 사회적 교류를 촉진하는 것을 목표로 한다. 포켓 파크는 지역 단체가 신청하면 정부가 선발해 재정을 지원하는 방식으로 운영된다. 이 사업을 통해 2016년 한 해에만 87개의 포켓 파크가 새로 생겼고, 2019년에는 200개 가까이 늘었다. 초기에는 영국 정부가 사업을 주도했지만, 점차 지방 정부와 지역 사회가 중심이 되어 사업을 운영하고 있다.

포켓 파크는 지역 사회에 다양한 긍정적인 효과를 불러왔다. 집 근처에 공원이 생기면서 주민들의 녹지 접근성이 크게 높아졌다. 공원이 없던 아파트 단지 주민들도 손쉽게 꽃을 가꾸거나 벤치에 앉아 여유를 즐길 수 있게 되었다. 규모는 작지만, 주민들이 자주 교류할 수 있는 공간이 마을 곳곳에 생겼다. 그동안 방치되었던 공간이 정돈되면서 도시 미관도 눈에 띄게 개선되었다. 포켓 파크는 소규모 예산으로 일상 경관을 회복하고, 다양한 변화를 이끌어 낸 좋은 본보기라 할 수 있다.

강원도 고한읍, 골목 정원

일본 도쿄의 시타마치, 영국의 여러 도시에서 시작된 일상 경관의 회복 운동은 한국에도 이어졌다. 그 대표적인 사례가 강원도 정선군 고한읍의 '야생화 마을'이다. 고한읍은 한때 번창하던 탄광 마을이었지만, 1989년 '석탄 산업 합리화 정책'으로 광산이 문을 닫으면서 급격히 쇠퇴했다. 일자리를 잃은 사람들이 마을을 떠나자 집과 골목이 하나둘 비어 갔다. 2000년대 인근에 강원랜드와 하이원리조트가 들어섰지만, 정주 인구는 좀처럼 늘지 않았고 마을 소멸에 대한 우려가 점점 커져 갔다.

고한읍의 구공탄 시장과 기차역에 그려진 벽화

　이러한 위기 속에서 도시 재생 사업이 추진되었다. 처음부터 거창한 계획을 갖고 시작한 것은 아니었다. 누군가 마을 공터에 가져다 놓은 작은 화분 하나에서 변화가 시작되었다. 마을을 이대로 사라지게 둘 수 없다는 절박한 마음으로 시작된 작은 실천이 주민들의 마음을 움직인 것이다. 주민들은 허름한 골목을 함께 청소하고 집 앞에 화분을 놓으며 마을 분위기를 조금씩 바꿔 나갔다. 이러한 움직임이 확산되자, 주민들은 마을을 체계적으로 정비하기 위해 도시 재생 사업을 신청했다. 그때 내세운 주제가 바로 '야생화'였다. 화려한 조경 식물이 아닌, 이 지역에서 피어나는 들꽃을 변화의 중심에 두기로 한 것이다. 사람들은 야생화를 통해 이웃을 잇고 마을을 다시 살려내고자 했다. 그렇게 해서 '야생화 마을'이라는 이름이 붙여졌다.

도시 재생 사업이 본격적으로 시행되자, 주민들은 고한읍 고한리를 중심으로 골목마다 야생화를 심고 작은 정원을 만들기 시작했다. 정선군과 도시 재생 위원회는 이를 뒷받침하기 위해 예산을 지원하고, 매년 '고한 골목길 정원 박람회'를 열어 주민이 가꾼 정원을 외부에 소개했다. 박람회 기간에는 정원 전시, 예술 공연, 중고 장터 등 다양한 행사를 열었다.

꽃이 한창인 계절에 고한읍 골목을 걷다 보면, 주민들이 정성껏 가꾼 정원을 쉽게 만날 수 있다. 야생화 마을의 정원은 외부 전문가가 조경한 것이 아니다. 마을을 다시 살려 보겠다는 주민들의 마음이 모여 탄생한 생활 속 정원이다. 담장 밑, 전봇대 옆, 공터에서 피어난 작은 생명들이 마을을 다시 살아 숨 쉬게 했다.

주민들은 꽃으로 채워진 골목을 보며 "삭막했던 동네 분위기가 환해졌고 마음마저 밝아졌다."라고 말한다. 언론을 통해 고한읍의 변화가 소개되면서 이곳을 찾는 방문객이 꾸준히 늘고 있다. 특히 골목길 정원 박람회가 열리는 시기에는 수천 명이 마을을 찾아와 꽃을 구경하고, 특산품을 구매하며 지역 상권에 활기를 불어넣고 있다. 고한읍 야생화 마

고한읍 골목 정원 모습

을의 골목 정원은 단순한 미관 개선 사업이 아니다. 쇠퇴한 산촌의 주민들이 주도하여 일상 경관을 회복하고 마을을 살려 낸 소중한 사례다.

지금까지 살펴본 세 가지 사례는 서로 다른 배경에서 시작되었지만, 하나의 분명한 메시지를 전한다. "평범한 골목도 사람의 시선을 끄는 경관이 될 수 있으며, 집 앞 작은 풍경을 가꾸는 일만으로도 일상이 풍요로워지고 마을은 머물고 싶은 공간으로 거듭날 수 있다."라는 것이다.

그동안 많은 마을이 외부의 시선을 의식하며 미관 개선에 힘써 왔다. 외벽을 보수하고 벽화를 그리거나 지붕 색을 통일하는 방식으로 외관을 정비했다. 그러나 이러한 작업 대부분은 행정 기관이나 외부 단체가 주도하여 정작 그 마을에 사는 주민들은 참여하지 못하는 경우가 많았다. 주민 참여 없이 조성된 벽화는 시간이 지나며 빛이 바래고 색이 벗겨져 오히려 마을 분위기를 해치기도 했다. 무엇보다 이런 방식은 마을의 겉모습은 잠시 바꿀 수 있을지 몰라도, 그 안에서 살아가는 사람들의 삶을 풍요롭게 만들지는 못한다.

반면 '골목 정원'이나 '포켓 파크'처럼 일상 경관을 회복하려는 노력은 새로운 가능성을 보여 준다. 거창한 계획이나 대규모 공사 없이도, 주민이 직접 가꾼 작은 풍경은 마을의 분위기를 바꾸고 삶의 질을 높인다. 정원을 함께 가꾸는 과정에서 주민들은 자연스레 교류하고 친밀한 관계를 맺는다. 이런 상호 작용이 쌓이면 마을에 대한 애정도 커지고 공동체 의식도 단단해진다.

이제 경관을 바라보는 시선이 달라져야 한다. 집 앞의 평범한 골목도 하나의 경관이 될 수 있으며, 삶의 질을 높이는 중요한 조건이 될 수 있다. 경관을 관광 자원으로만 볼 것인지, 아니면 함께 살아가는 삶의 무대로 받아들일 것인지에 따라 마을의 미래는 달라진다. 고한을 비롯해 일본과 영국의 골목 정원은 오늘날 인구 감소로 고민하는 많은 농촌 마을에 이렇게 말하고 있다. "변화는 밖에서 찾아오는 것이 아니라, 집 앞 골목처럼 가장 가까운 곳에서 싹튼다."

충북 증평군 죽리마을: 심리적 욕구를 채운 정주형 경관

우리는 매일 수많은 선택을 하며 살아간다. 오늘의 점심 메뉴 같은 사소한 고민부터, 인생의 방향을 결정하는 중대한 선택까지 다양하다. 이 중에서 우리 삶에 가장 큰 영향을 미치는 선택을 꼽으라면, 아마도 '주거지'에 관한 결정일 것이다. 이제 사는 곳이 곧 삶의 방식을 결정하는 시대가 되었기 때문이다.

그렇다면 사람들은 어떤 기준으로 주거지를 선택할까? 심리학의 '자기결정이론(Self-Determination Theory)'은 이에 대해 흥미로운 답을 제시한다. 이 이론은 인간에게는 누구나 '자율성', '유능감', '관계성'이라는 세 가지 기본 욕구가 있으며, 이 욕구를 만족시키는 방향으로 선택하는 경향이 있다고 설명한다. 자율성은 스스로 선택하고 결정할 수 있다는 느낌으로, 외부의 강요나 통제가 아닌 자신의 의지에 따라 행동할 때 충족된다. 유능감은 자신의 능력이 충분히 발휘될 때 느끼는 만족감이나 성취감을 의미한다. 관계성은 다른 사람들과 정서적으로 연결되어 있고, 어떤 집단의 일원으로서 소속감을 느끼고 인정받을 때 채워진다.

이 세 가지 개념을 주거지 선택에 적용하면 흥미로운 사실들을 발견할 수 있다. 먼저, 자율성은 살고 싶은 집을 직접 선택하고 자신의 취향과 스타일대로 집안을 꾸미는 과정에서 충족된다. 자신의 삶을 스스로 계획하고 있다는 느낌은 깊은 만족감과 주체성을 가져다준다. 유능감은 가정이나 공동체 안에서 어떤 역할을 해내거나 스스로 성장하고 있다는 느낌에서 비롯된다. 예를 들어, 사람들은 주택을 직접 수리하거나 정원을 가꿀 때, 그리고 커뮤니티 모임에서 자신의 의견이 반영될 때 성취감을 느낀다. 이러한 경험은 자신감을 높이고 일상에 활력을 불어넣는다. 마지막으로, 관계성은 이웃과의 연결 속에서 생겨난다. 동네에 서로 도움을 주고받는 이웃이 있으면 혼자가 아니라는 정서적 안정을 느낀다. 이런 감정은 주거지를 단순히 머무는 공간이 아닌 살고 싶은 곳으로 바꾸는 강력한 힘이 된다.

세 가지 심리적 욕구를 자연스럽게 채우며 지역에 변화를 이끈 사례가 있다. 바로 충청북도 증평군의 '죽리마을'이다. 이 마을은 한때 전체 가구의 4분의 1 이상이 빈집일 정도로 쇠퇴했지만, 2013년부터 분위기가 달라지기 시작했다. 주민들이 직접 나서서 마을을 되살려 보겠다고 결심한 것이다. 그들이 가장 먼저 시작한 일은 환경 정비였다. 버려진 집과 무너진 건물을 철거하고, 어두운 골목길에는 조명을 달았다. 시야를 가리던 구조물도 치워냈다. 겉보기엔 사소한 변화였지만, 마을은 눈에 띄게 밝아졌다. 주민들은 곳곳에 작은 쉼터와 공원을 만들고 벤치에 앉아 이웃과 담소를 나눴다. 마을 행사도 함께 기획하며 자연스럽게 어울렸다. 변화는 거기서 멈추지 않았다. 주민들은 소시지 체험 프로그램을 직접 운영하며 외부 손님을 맞았다. 이 활동은 마을 소득의 기반이자 공동체의 활력이 되었다. 이렇게 작은 실천들이 차곡차곡 쌓이면서 마을은 다시 살아나기 시작했다. 2013년 117명이던 인구는 2023년 132명으로 늘었고 죽리초등학교 재학생 수도 증가해 폐교 위기를 넘겼다. 이제 죽리마을은 '떠나는 마을'에서 '살고 싶은 마을'로 거듭났다.

죽리마을의 이야기가 언론에 알려지면서 다른 지역에서

죽리 마을의 작은 공원

이를 벤치마킹하려는 시도가 이어졌다. 하지만 겉모습만 흉내 내고 본질을 놓친다면 금세 한계에 부딪힐 수밖에 없다. 중요한 것은 얼마나 잘 꾸몄는지가 아니라, 왜 사람들이 이 마을로 다시 돌아왔는지를 이해하는 것이다. 그런 점에서 죽리마을을 자기결정이론의 틀로 살펴보는 일은 의미가 있다. 자율성, 유능감, 관계성이라는 인간의 심리적 욕구가 어떻게 이 작은 마을의 변화를 이끌었는지 잘 보여 주기 때문이다.

 죽리마을 변화의 가장 큰 특징은 외부 정책에 의존하지 않고, 주민들의 자발적인 참여와 선택에서 시작되었다는 점이다. 빈집 철거, 공원 조성, 행사 기획 등 모든 활동은 주민들의 회의와 합의를 통해 이루어졌다. '남이 정해 준 방식'이 아니라 '내가 선택한 방식'이라는 인식은 주민들에게 자율성을 되찾아 주었다. 주민들은 버려진 골목을 정비하고 체험 프로그램을 직접 운영하면서 '우리가 해낼 수 있다'는 유능감을 느꼈다. 특히 소시지 체험 프로그램은 단순한 이벤트가 아니라 주민들이 직접 기획하고 운영한 경제 활동이었다. 작은 수익이 쌓이면서 주민들은 자립할 힘과 함께 성취감도 얻었다. 환경 정비로 조성된 공원과 쉼터, 마을 행사는 주민들의 관계를 자연스럽게 이어 주었다. 공원 벤치에서 나눈 대화, 함께 준비한 축제, 외부 손님을 맞이하며 쌓은 경험은 이웃 간의 정을 더욱 깊게 만들었다. 사람들과 어울리고 연결되는 경험은 마을 공동체를 되살린 결정적인 힘이 되었다.

죽리마을의 사례는 우리에게 중요한 메시지를 전한다. '겉모습만 고칠 게 아니라 사람의 마음까지 함께 살펴야 한다'는 점이다. 사람들은 멋진 풍경이 있다고 해서 그곳에 오래 머무르고 싶어 하지 않는다. 마음이 편안하고 자유로우며, 삶에서 자부심과 의미를 느끼고, 또 이웃과 어울릴 수 있을 때 비로소 그곳을 '살고 싶은 마을'이라 여기게 된다. 이러한 마음은 건물을 새로 짓고 길을 정비한다고 해서 생겨나지 않는다. 마을을 단순한 물리적 시설이 아닌, 삶의 깃든 무대로 바라볼 때 생겨난다. 외관 정비에만 그치지 않고, 그 안에서 살아가는 사람들의 마음과 삶까지 함께 돌볼 때 진정한 변화가 시작된다. 지금 우리에게 필요한 것은 예쁜 풍경이 아니라, 사람이 주인공이 되는 삶의 무대다. 정착을 부르는 힘은 경관이 주는 심리적 울림에 있다.

일본 후세: 낡은 상점가가 여행 콘텐츠로

일본 오사카 외곽의 작은 동네 후세(布施)는 전통적인 상업 지역이다. 한때 기차역 앞 아케이드 상점가에 사람들이 북적였지만, 인근에 대형 쇼핑몰이 들어서면서 점차 활기를 잃었다. 그런데 최근 이곳이 다시 살아나고 있다. 특별한 관광 시설이나 볼거리가 생긴 것도 아닌데, 사람들은 일부러 후세에 찾아온다. 과연 무슨 일이 있었던 걸까?

후세의 변화는 '마을 전체 호텔'이라는 새로운 발상에서 시작되었다. 오사카의 한 인테리어 회사가 기존과 다른 호텔 형태를 제안했고, 이 아이디어가 마을에 적용되면서 새로운 흐름이 생겨났다. '마을 전체 호텔'란 말 그대로 마을 곳곳을 기능별로 나누어 하나의 호텔처럼 운영하는 방식이다. 이 개념은 이탈리아의 '알베르고 디푸소(Albergo Diffuso)'에서 처음 등장했다. 호텔 건물을 새로 짓지 않고, 기존 건물과 자원을 활용하는 것이 핵심이다. 예를 들어, 빈집이나 빈 점포는 분

일본의 아케이드 상점가 모습

산형 숙소로 활용하고 레스토랑, 카페 같은 부대 시설은 지역 상가와 협력해 운영한다.

후세에 '마을 전체 호텔'을 처음 제안한 곳은 쿠지라(KUJIRA)라는 인테리어 회사였다. 이들은 다양한 리노베이션 사업을 진행하면서, 아무리 외관을 정비해도 마을이 다시 침체되는 현실에 한계를 느꼈다. 이를 극복할 방법을 모색하던 중 이탈리아 사례에서 힌트를 얻어 '마을 전체 호텔'이라는 새로운 모델을 구상했다. 이탈리아의 알베르고 디푸소가 시골 마을에 초점을 맞춘 모델이라면, 쿠지라는 그 개념을 도시 환경에 맞게 재구성했다.

쿠지라가 '마을 전체 호텔' 구상을 실현할 장소로 선택한 곳은 후세 기차역 앞 아케이드 상점가였다. 오랫동안 방치된 낡은 상점가였지만, 철거하지 않고 마을 호텔의 중심지로 활용하기로 했다. 이는 상점가에 남아 있는 쇼와 시대 특유의 복고 감성이 도시민의 향수를 불러일으킬 수 있다고 보았기 때문이다. 구체적으로, 상점가의 빈 점포는 객실로, 의류점은 프런트 겸 카페로 개조했다. 기존 상점 주인들과 협력하여 동네 식당은 호텔 레스토랑으로, 고로케 가게와 빵집은 스낵바로, 공중목욕탕은 호텔 사우나로 운영하는 방식을 택했다. 이러한 공간 재구성을 통해 마을의 골목은 객실을 연결하는 복도가 되었고, 마을 전체가 하나의 호텔처럼 연결되었다.

이러한 구상을 바탕으로 2017년에 '세카이 호텔 후세(SEKAI Hotel Fuse)'가 문을 열었다. 이 호텔의 가장 큰 특징은 마을과 호텔 사이에 경계가 없다는 점이다. 객실 문을 열면 바로 상점가로 이어진다. 투숙객은 호텔에 머무는 동안 자연스럽게 후세 주민의 일상을 체험하게 된다. 하룻밤 묵었을 뿐인데, 손님이 아닌 이웃이 된 듯한 기분을 느끼는 것이다. 그래서 사람들은 이 호텔을 단순한 숙박 시설이 아니라 이야기가 담긴 살아 있는 콘텐츠로 느낀다. 이 특별함이 소셜미디어를 통해 빠르게 퍼져나가면서, 후세는 사람들이 일

부러 찾는 마을이 되었다. 최근에는 관광 명소 없이도 관광객을 끌어모은 성공 사례로 인정받아, 일본 총무성이 수여하는 '후루사토즈쿠리 대상(ふるさとづくり大賞)'까지 받았다. 이 상은 정주 환경 개선과 지역 공동체 육성에 이바지한 개인이나 단체에 주어지는 국가급 표창이다. 이는 후세의 실험이 단순한 도시재생 사업을 넘어 새로운 여행 콘텐츠 모델로 인정받았음을 보여 준다.

후세 사례는 우리에게 중요한 질문을 던진다. "왜 사람들이 특별한 관광 명소 하나 없는 평범한 마을에 일부러 찾아올까?" 이 질문에 답은 '일상 경관'에 있다. 후세는 사람들을 끌어들이기 위해 새로운 건물을 짓거나 관광 시설을 세우지 않았다. 대신 마을의 평범한 일상 장면을 재해석하고 하나의 이야기로 엮었다. 마을 곳곳에 흩어져 있는 공간을 '호텔'이라는 콘셉트로 묶어 방문객이 단순한 손님이 아니라 그곳에 사는 주민처럼 느낄 수 있도록 했다.

이러한 기획은 일상 공간을 바라보는 시각이 달라져야 가능하다. 그동안 많은 도시는 화려한 건축물, 인공적인 볼거리, 이색적인 체험을 만드는 일에 집중해 왔다. 그러나 후세는 우리가 살아가는 평범한 일상 공간도 이야기를 더하면, 그 자체로 매력적인 콘텐츠가 될 수 있음을 보여 준다. "우리 마을의 골목, 빈 점포, 오래된 시장도 여행지가 될 수 없을까?" 이 질문에 대한 답은 '무엇을 새로 만들었느냐'가 아니라, '익숙한 공간을 어떻게 바라보느냐'에 달려 있다. 변화는 평범한 풍경을 다시 보는 시각에서 시작된다.

북유럽 케어팜: 농촌 경관을 치유로 활용한 복지 실험

네덜란드에는 '집'이라 불리는 특별한 돌봄 시설이 있다. 세계 최초의 치매 마을로 알려진 '호그벡 마을(Hogeweyk)'이다. 이곳에는 병실이 없다. 대신 거실, 주방, 개인 침실, 세탁실이 있다. 의사와 간병인은 흰 가운 대신 일상복을 입고, 환자들도 병원복이 아닌 평소 옷차림으로 생활한다. 이곳에서는 식사 준비나 장보기 같은 일상 활동도 치료 과정의 일부로 본다. 이렇게 시설을 운영하는 까닭은 치매 환자도 일상을 누릴 권리가 있다고 믿기 때문이다. 이 시설을 처음 제안한 사람은 간호사였다. 그는 치매를 앓던 어머니를 간호하면서 기존의 돌봄 방식에 의문을 품었다. 치매 환자도 집처럼 편안한 공간에서 사람답게 살아야 한다고 생각했다. 그는 이런 이상을 실현할 돌봄 시설을 구상했고, 지역 정부와 복지 기관, 건축사와 협력하여 2009년에 호그벡 마을을 열었다.

호그벡 마을은 겉모습만 보면 평범한 네덜란드 주택과 크게 다르지 않다. 넓은 정원을 중심으로 2층짜리 집들이 이어져 있다. 거실에는 햇살이 가득 들어오고, 실내에는 소파, 식탁 등 가정용 가구가 놓여 있다. 병원이 아니라 가정집 모습에 가깝다. 이곳 환자들은 시설에 갇혀 지내지 않는다. 자기 집처럼 자유롭게 일상을 보낸다. 어떤 이는 마을 내 슈퍼마켓에 들러 장을 보고, 카페나 레스토랑에서 여유로운 시간을 보낸다. 또 다른 이는 분수대 앞 벤치에서 햇살을 즐기고, 공원을 거닐며 계절의 변화를 느낀다. 이곳에는 정해진 치료 시간이 없다. 음악이 흐르는 공간에서 좋아하는 노래를 듣는 것이 음악 치료이고, 마을 극장에서 공연을 보거나 미술을 감상하는 일이 미술 치료다. 이처럼 호그벡 마을의 환자들은 자신이 살던 집처럼 편안한 환경에서 자신만의 삶을 이어가고 있다.

유럽에는 네덜란드의 호그벡 마을처럼 마을 경관과 일상 활동을 돌봄과 치료에 접목한 '케어팜(care farm)'이 발달해 있다. 케어팜은 1990년대 후반 처음 등장해 북유럽을 중심으로 확산했다. 케어팜의 핵심은 환자들이 병원과 복지 시설이 아닌 농촌 마을에서 생활하며 몸과 마음을 회복하도록 돕는 데 있다. 이곳에서는 동물 돌보기, 농사일, 요리, 산책 같은 소박한 일상 활동이 치료의 한 과정이 된다.

네덜란드는 케어팜이 가장 발달한 나라다. 1998년부터 정부의 적극적인 지원 아래 현재 1,200곳이 넘는 케어팜이 운영되고 있다. 그중에서 린데붐 농장(De Lindeboom)은 대표적인 사례로 꼽힌다. 이곳은 가족이 운영하는 소규모 농장으로, 농장 일과 돌봄 활동을 병행한다. 특별한 치료 프로그램이 따로 있는 것이 아니라, 농장 주인의 일과를 따라 하루를 보내는 것이 치료 과정이다. 예를 들어, 아침에는 가축을 돌보고 점심에는 직접 수확한 채소로 음식을 만들어 함께 식사한다. 오후에는 농사일이나 정원 가꾸기를 돕는다. 이 모든 과정이 일상 속 돌봄이자 자연 속 치유가 된다.

네덜란드의 케어팜은 린데붐 농장처럼 농장 주인이 농업과 돌봄 활동을 병행하는 형태로 운영된다. 농장마다 방식은 다르지만, 공통으로 농촌의 자연환경과 일상 활동을 돌봄과 치료에 적극적으로 활용한다. 케어팜에서는 환자를 돌봄의 대상으로 보지 않고, 농사일을 함께하는 공동체의 일원으로 여긴다. 환자들은 농사일을 하며 신체 활동을 하고 사람들과 어울리며 계절의 변화를 느낀다. 이러한 활동을 통해 무너졌던 삶의 리듬을 되찾는다. 또한 작은 공동체 안에서 맡은 일을 해내며 정서적 안정감과 소속감을 회복한다.

1990년대 후반, 유럽 농가들은 경영난을 극복하기 위해 농업 활동의 치유 효과에 주목하며 자발적으로 케어팜을 시작했다. 이후 국가 차원의 지원이 이어지면서 빠르게 확산되었다. 북유럽으로 전파된 케어팜은 각국의 복지 정책과 지역 환경에 맞춰 다양한 형태로 발전했다. 예를 들어, 노르웨이의 임풀센터(Impulssenter)와 스웨덴의 스탈 알프헴 농장(Stall Alfhem Farm)에서는 환자들이 농장에 머물며 동물을 돌보거나 농사일을 돕도록 한다. 특히 스탈 알프헴 농장은 환자들에게 고양이 호텔이나 농산물 가게를 운영하도록 하여 사회성과 책임감을 기를 수 있도록 돕는다.

케어팜 사례는 농촌의 일상 경관이 돌봄과 치유의 무대가 될 수 있음을 보여 준다. 우리가 살아가는 일상 공간은 감정, 행동, 관계 형성에 깊은 영향을 미친다. 병원처럼 차갑고 폐쇄적인 곳은 환자를 수동적이고 고립된 존재로 만들 수 있다. 반면 호그벡 마을이나 린데붐 농장처럼 익숙하고 열려 있는 공간은 환자를 다시 삶의 주제로 일어서게 한다.

케어팜이 탄생할 수 있었던 배경에는 일상 공간을 물리적 시설이 아닌 '삶의 무대'로 바라보는 시선이 있었다. 농장과 텃밭을 생산 시설로만 보는 것이 아니라, 사람과 자연, 사람과 사람 사이를 잇는 장소로 인식한 것이다. 그 안에서 이루어지는 일상 활동 역시 단순한 노동이 아니라 돌봄과 치유의 계기로 여겼다. 결국 평범한 일상을 새롭게 바라보는 시선이 있었기에, 케어팜이라는 새로운 돌봄 모델이 탄생할 수 있었다.

일상 경관은 단순한 배경이 아니다. 삶이 펼쳐지는 무대이자 삶의 질을 좌우하는 핵심 조건이다. 이제 우리는 일상 경관을 '삶의 무대', 나아가 '복지 자원'으로도 인식해야 한다. 그래야 돌봄과 치유가 제도와 시설에만 갇히지 않고, 일상에서 자연스럽게 이루어질 수 있다. 일상 공간에서 사람들이 치유되고 삶이 회복될 때, 우리는 그것을 진정한 복지라 부를 수 있을 것이다.

프랑스 가장 아름다운 마을들 협회:
주민이 만든 아름다움이 세계 기준이 되다

강원도의 어느 작은 마을 이야기다. 몇 해 전 국토교통부 도시재생 사업에 선정되면서 마을 한복판에 2층짜리 복합 공간이 들어섰다. 1층은 카페, 2층은 체험관과 회의실로 꾸몄다. 개관식에 군수와 도의원까지 참석해 '농촌의 미래를 보여 줄 모델'이라며 기대를 나타냈다. 그러나 3년도 채 지나지 않아 카페는 문을 닫았고, 체험 프로그램도 중단됐다. 운영비를 감당하지 못한 협동조합은 해체됐다. 전남의 한 농촌 마을도 사정은 비슷하다. 체류형 관광을 내세우며 게스트하우스를 열었지만, 정부 지원이 끝나자 곧 문을 닫았다. "이제부터 주민이 알아서 하라"는 말을 남기고 외부 지원을 끊자, 마을은 오래 버티지 못했다. 한때 희망의 상징이던 건물은 어느새 마을의 애물단지가 되고 말았다. 왜 이런 일이 되풀이되는 걸까?

이유는 분명하다. 주민이 사업의 주체가 되지 못했기 때문이다. 정부 지원으로 건립한 시설과 외부 전문가가 설계한 프로그램은 주민을 구경꾼으로 만든다. 주민이 스스로 마을 사업을 운영할 힘을 키우지 못하면, 외부 지원이 끊기는 순간 자립하지 못하고 흔들릴 수밖에 없다.

반대로 주민이 주도적으로 힘을 길러 마을 사업을 운영하면 이야기는 달라진다. 외부 지원에 기대지 않고도 꾸준히 성장한다. 대표적인 사례가 프랑스의 '가장 아름다운 마을들 협회(Les Plus Beaux Villages de France)'다. 이 협회는 주민 주도로 마을의 매력을 가꾼 사례를 심사해 인증한다. 선정된 마을은 '프랑스에서 가장 아름다운 시골 마을'이라는 명예를 얻는다. 이 모델은 프랑스를 넘어 이탈리아, 스페인, 일본 등 세계 여러 나라로 확산됐다. 주민이 만든 마을의 아름다움이 어떻게 세계 기준이 되었는지, 이제부터 그 이야기를 함께 살펴보자.

협회의 철학과 실천

프랑스의 '가장 아름다운 마을들 협회'는 쇠퇴하는 시골 마을을 살리고 숨은 아름다움을 알리기 위해 결성된 민간단체다. 협회는 프랑스 남서부의 작은 마을 꼴롱주라루즈

(Collonges-la-Rouge)에서 시작되었다. 이곳은 붉은 사암 건물들이 모여 있어 마을 전체가 불타는 듯한 독특한 풍경을 자아낸다. 곳곳에는 11세기에 세운 교회, 종교전쟁 시기에 개축한 건물, 15~16세기에 귀족이 살던 저택 등 다양한 문화유산이 남아 있다. 그러나 이 매력을 알아보는 이는 드물었고 관광객의 발길도 뜸했다. 이대로 두면 마을은 점점 쇠락할 수밖에 없었다. 이에 주의회 부장이던 샤를 세낙(Charles Ceyrac)은 주변 마을과 힘을 모아 '아름다운 마을들을 하나로 묶어 브랜드로 만들자'는 아이디어를 내놓았다. 이는 단순한 관광 프로그램이 아니라 주민 스스로 아름답고 살고 싶은 마을을 일구자는 제안이었다.

이러한 흐름 속에서 1982년 '가장 아름다운 마을들 협회'가 탄생했다. 설립 당시 66개였던 회원 마을은 2025년 182개로 늘었다. '가장 아름다운 마을'로 선정되면 명예뿐 아니라 경제적 효과를 지닌 브랜드도 얻게 된다. 협회 라벨을 획득한 마을은 관광객이 평균 10% 이상, 많게는 50%까지 증가했다. 라벨이 붙자마자 관광객이 몰려드는 '바로미터 효과'도 나타났다. 언론, 여행안내서, 소셜 미디어를 통한 홍보가 뒤따르면서 방문객은 더욱 증가했고, 숙박, 식당, 각종 체험 프로그램 등이 활기를 띠며 마을 경제도 눈에 띄게 살아났다.

협회가 시작된 꼴롱주라루즈(Collonges-la-Rouge) 마을 모습

협회 라벨은 아무 마을에나 주어지지 않는다. 주민이 진정성과 지속 가능성을 보장해야만 가입할 수 있다. 이를 위해 협회는 세 가지 엄격한 기준을 세웠다.

첫째, 인구 2,000명 미만의 시골 마을이어야 한다. 이는 과도한 도시화를 막고 마을 고유의 정체성을 지키기 위한 장치다.

둘째, 국가 지정 문화유산을 두 개 이상 보유해야 한다. '아름다움'이라는 개념이 주관적일 수 있어서 역사적 문화유산을 근거로 공신력을 확보하려는 전략이다.

셋째, 마을 의회의 투표를 거쳐야 한다. 외부의 상업적 이해관계나 행정의 일방적 판단이 아니라 주민 과반수의 자발적인 동의가 있어야 신청이 가능하다. 마을의 가치를 보존하고 발전시키려는 주민의 뜻이 없으면 협회 가입은 사실상 불가능하다.

이 세 가지 기준 덕분에 협회는 단순한 관광 브랜드가 아니라 주민이 책임지고 지켜 나가는 지속 가능한 모델로 자리 잡을 수 있었다. 이후 이 모델은 전 세계가 주목하는 성공 사례가 되어 이탈리아, 벨기에, 캐나다, 일본 등으로 퍼져 나갔고, 2012년에는 국제 연합체 '세계에서 가장 아름다운 마을 연맹(The Most Beautiful Villages in the World)'으로 확장되었다.

주민이 만든 지속 가능한 아름다움

프랑스 '가장 아름다운 마을들 협회'가 꾸준히 발전할 수 있었던 가장 큰 힘은 주민들의 자발적인 의지와 실천이었다. 협회는 기준을 제시하고 조건에 맞는 마을을 선정할 뿐, 실제로 마을을 가꾸고 관리하는 모든 일은 온전히 주민들의 몫이다. 주민들은 행정 기관이나 외부 전문가에 기대지 않고 스스로 협의체를 만들어 마을의 방향을 논의하고 실행해 왔다. 이 과정에서 주민들은 마을에 대한 자긍심과 공동체의 유대감을 키울 수 있었고, 그것이 마을의 본질적 가치를 지켜 내고 발전시키는 원동력이 되었다.

주민들이 지켜 온 것은 건물이나 경관의 아름다움만이 아니었다. 마을 분위기, 여유로운 삶의 리듬, 따뜻한 말투와 표정처럼 눈에 보이지 않는 가치와 태도까지 함께 돌보았다. 이러한 요소들이 오랜 시간 쌓여 지금의 마을을 만들었다. 관광객이 이곳을 찾는 이유도 바로 여기에 있다. 가령 식당 직원이 손님의 이름과 좋아하는 메뉴를 기억해 주는 일처럼, 일상에서 피어나는 작은 가치가 이 마을의 진정한 매력이다. 이런 경험은 단순한 관광 체험을 넘어 '다시 오고 싶은 마음', '추천하고 싶은 감정'으로 이어진다. 이런 연결이야말로 마을을 지속 가능하게 만드는 힘이 된다.

마을을 살리는 힘은 그곳에 사는 주민들에게 있다. 마을을 아끼는 마음, 다정한 태도, 따뜻한 말 같은 작은 일상이 쌓여 프랑스의 작은 마을들을 '가장 아름다운 마을'로 만들었다. 우리에게 필요한 것도 화려한 건축이나 거대한 축제가 아니다. 주민들의 태도와 관계, 그리고 더 나은 삶을 향한 믿음과 실천이 모일 때 비로소 마을은 진정한 아름다움에 다가갈 수 있다.

한국의 '가장 아름다운 마을 연합', 그 시작과 한계

한국에도 프랑스와 비슷한 조직이 있다. 바로 '한국에서 가장 아름다운 마을 연합(한아연)'이다. 한아연은 설립 이전인 2011년 10월 '세계 마을 연합 총회'에 초청받아 국제적인 활동을 시작했고, 같은 해 11월에 농림수산식품부의 허가를 받아 사단법인으로 공식 출범했다.

그러나 한아연은 출발부터 프랑스와 다른 길을 걸었다. 프랑스 협회가 주민들이 자율적으로 조직한 기구였다면, 한아연은 정부의 허가 아래 세워진 비영리 단체였다. 이 차이는 단순한 설립 방식의 문제가 아니라 운영 철학과 구조를 좌우하는 중요한 요소다. 주민이 만든 조직은 자율적으로 운영되지만, 행정이 주도해 만든 조직은 자연스럽게 정책의 방향과 예산에 따라 움직일 수밖에 없다. 그만큼 주민의 자율성과 자발성은 제약을 받는다.

이 한계는 실제 운영 사례에서도 드러난다. 한아연이 '한국에서 가장 아름다운 마을' 1호로 선정한 경남 산청의 남사예담촌이 대표적이다. 고택과 돌담길, 고즈넉한 풍경으로 잘 알려진 이 마을은 겉으로는 주민이 지켜 온 전통 마을처럼 보인다. 그러나 그 경관의 상당 부분은 주민의 자발적 노력보다는 지방 정부의 대규모 사업으로 조성된 것이다. 인근의 동의보감촌 역시 산청군이 광산 부지를 한방 테마파크로 개발한 것이며, 마을 입구의 무릉교도 산청군이 주도해 설치했다. 마을의 주요 경관과 인프라 대부분이 행정 기획과 예산에 의해 만들어진 셈이다. 이런 구조에서는 주민들이 '우리가 만들었다'는 주인 의식보다 '지자체가 해 준 것'이라는 생각을 갖기 쉽다.

이러한 구조는 중요한 질문을 던진다. '과연 이 마을의 아름다움을 만들고 유지하는 주체는 누구인가?' '이 구조 안에서 주민 주도성은 실제로 작동하고 있는가?' 한아연은 주민 중심의 마을을 내세우지만 실제 운영은 행정 기관의 영향 아래 놓여 있다. 이념과 현실 사이의 간극이 해소되지 않는다면, '가장 아름다운 마을'이라는 이름은 관광 브랜드로는 기능하겠지만 지속 가능한 마을 만들기 운동으로 자리 잡기 어려울 것이다.

결국, 마을을 지탱하는 힘은 주민에게 있다

프랑스의 '가장 아름다운 마을들 협회'는 우리에게 분명한 메시지를 전한다. 마을을 아름답게 만들고 그 매력을 오래 지켜 내는 힘은 결국 그곳에 사는 주민들에게 있다는 사실이다. 우리나라의 많은 농촌 개발이나 도시재생 사업이 실패하는 가장 큰 이유는 처음부터 주민이 배제된 채 추진되기 때문이다. 외부 전문가가 계획을 세우고 행정이 예산을 집행하는 구조 속에서 주민은 수혜자에 머물 뿐이다. 주민이 진정한 주인이나 기획자가 되지 못하니 사업이 끝나면 감당하기 어려운 유지 비용과 텅 빈 건물만 남게 된다.

반면 프랑스의 마을들은 '헌장'이라는 공동의 약속을 바탕으로 주민 스스로 움직이는 구조를 만들었다. 간판과 광고, 건물 외관의 색채와 재료, 교통과 주차, 라벨 사용까지 모든 사안을 주민들의 논의와 실천을 통해 결정했다. 이렇게 쌓인 자율적 협의와 실행이 마을들을 진정한 공동체로 성장시켰다.

이제 우리도 방향을 바꿔야 한다. 농촌이든 도시든 겉모습을 바꾸는 데 급급하기보다, 그곳에서 살아가는 사람들의 자율성과 실행 역량을 기르는 일부터 시작해야 한다. 건물을 새로 짓는 것보다 중요한 것은 그 안에서 어떤 삶이 이어질지를 함께 상상하고 실현하는 공동체를 만드는 일이다.

프랑스의 마을들이 세계적 모델이 된 까닭은 화려한 건물이나 유명한 관광 자원 때문이 아니었다. 마을을 지켜 내고 발전시키려는 공동체의 의지와 실천이 있었기 때문이다. 한국의 마을이 '가장 아름다운 마을'로 거듭나려면 주민이 힘을 모아 스스로 아름다움을 만들어 가야 한다. 정부와 행정 기관은 제도적 기반과 지원 체계를 마련해 뒷받침해야 한다. 주민의 자율성과 실행 능력, 행정의 지원이 조화를 이룰 때 한국의 마을도 세계가 주목하는 '아름다운 마을'이 될 수 있다.

6. 명승을 넘어, 일상 경관을 가꾸는 방법

여기까지 글을 읽었다면 문득 이런 생각이 들지도 모른다. "그렇다면, 이제 우리는 무엇을 해야 할까?"

일상 경관이 사람들의 마음을 움직이고 삶의 질을 높이며 마을을 되살릴 수 있다면, 그 가치를 어떻게 현실에 옮길 수 있을지 궁금할 것이다. 이제 시선을 현실로 돌려, 일상 경관이 우리 사회에 뿌리내리려면 어떤 노력이 필요한지 함께 생각해 보자.

경관의 정의부터 다시 세우기

가장 먼저 해야 할 일은 경관의 법적 정의를 새롭게 정립하는 것이다. 법적 정의를 바꾼다는 건 단순히 법조문 몇 줄을 고치는 일이 아니다. 그것은 우리 사회가 무엇을 소중히 여기는지 되묻는 일이며, 사람들의 인식을 근본적으로 바꾸는 일이다. 법의 정의가 바뀌면 정책 방향과 예산, 행정의 흐름이 달라지고, 사람들의 인식과 행동 또한 달라진다.

현재 우리나라 법에는 '일상 경관'이라는 개념이 없다. 이 개념을 제도에 담으려면 경관을 바라보는 시각부터 바뀌어야 한다. 그런 점에서 「유럽경관협약」을 참고할 필요가 있다. 이 협약은 경관에 대한 시선을 근본적으로 바꾸었고, 일상 경관을 제도화한 역사적 사례다.

「유럽경관협약」은 경관을 "자연과 인공 요소의 상호 작용으로 형성된, 사람들이 인식하는 지역"으로 정의했다. 그리고 경관의 범주에 우열을 두지 않고, 뛰어난 경관뿐만 아니라 평범하거나 훼손된 경관까지 사람들이 인식하는 모든 공간을 포괄했다. 이러한 정의에는 경관의 가치는 전문가나 행정 기관이 아니라 시민의 인식 속에서 형성된다는 중요한 철학이 담겨 있다. 협약 전문에는 "모든 시민은 경관에 대해 의견을 제시할 권리가 있고, 이를 보호하고 관리할 책임이 있다."라고 명시돼 있다. 이는 경관 정책의 중심에 시민이 있다는 뜻이며, '경관 민주주의'의 시작을 알리는 선언이기도 하다.

협약이 채택된 지 25년이 지났지만, 여전히 미래지향적인 기준으로 평가받는 이유는 경관을 바라보는 시선을 근본적으로 바꾸었기 때문이다. 경관을 시각적 감상의 대상으로만 보지 않고, 사람들이 살아가는 '삶의 터전', 공동체를 회복시키는 '사회적 자원'으로 보았다. 지금 우리에게도 이런 시선의 전환이 필요하다. 미래를 향한 관점에서 경관을 다시 정의하고, 그에 맞는 관리 체계를 새롭게 세워야 한다.

그렇다면, 경관을 어떻게 다시 정의할 수 있을까?
「유럽경관협약」의 관점과 이 책에서 살펴본 다양한 사례를 바탕으로 경관을 다음과 같이 정의할 수 있다.

경관이란 '자연과 인간의 오랜 상호 작용 속에서 형성된, 개인과 공동체가 인식하는 지역의 특성'이다. 여기서 중요한 점은 '모습'이 아니라 '특성'이라는 단어를 사용했다는 것이다. 이는 경관을 눈에 보이는 풍경으로만 한정하지 않고, 그 안에 담긴 시간, 감정, 이야기 등을 포괄하는 총체적 개념으로 보았다는 뜻이다. 이 정의에 따르면 경관에 우열을 둘 수 없다. 눈에 띄게 아름다운 경관뿐 아니라 평범하거나 훼손된 경관까지, 지역 주민이 인식하고 기억하는 모든 공간은 경관의 일부가 된다.

새롭게 정의한 개념을 바탕으로 일상 경관도 다시 생각해 보자. 일상 경관이란 '사람들이 매일 생활하며 자연스럽게 형성한 공간의 특성'을 말한다. 여기에는 길이나 건물처럼 눈에 보이는 요소뿐 아니라, 그곳에 얽힌 사람들의 기억, 감정, 이야기처럼 눈에 보이지 않는 요소도 함께 담겨 있다. 한마디로 일상 경관은 '삶의 공간에 남겨진 기록'이라 할 수 있다. 따라서 겉모습만으로는 일상 경관을 온전히 이해할 수 없으며, 그 안에 담긴 보이지 않는 요소까지 함께 살펴야 한다.

제도적 한계와 과제

그렇다면, 현재의 법률로 우리가 말하는 일상 경관을 제대로 담아낼 수 있을까? 관련 법률로 「경관법」, 「자연유산법」 등이 있다. 하지만 아쉽게도, 이들 법률만으로는 일상 경관의 가치를 온전히 담아내기 어렵다.

먼저 「경관법」을 살펴보자. 이 법률은 경관을 "자연, 인공 요소 및 주민의 생활상 등으로 이루어진, 지역의 환경적 특징을 나타내는 것"으로 정의하고 있다. 법조문에 '생활상'이나 '주민 참여' 같은 표현이 포함되어 있어 일상 경관과도 연결될 여지가 있어 보인다. 하지만 실제 내용을 살펴보면 이야기가 달라진다.

첫째, 법에 '생활상'을 언급하고 있지만, 실제 경관 계획은 건축물 외관이나 도시 미관 같은 시각적 요소에 치우쳐 있다. 둘째, 주민 참여가 명문화되어 있지만, 대부분은 형식적인 수준에 그치고 있다. 경관 계획은 전문가와 행정 기관 중심으로 추진되고 있다. 셋째, 경관 평가 기준도 '아름다움'이나 '쾌적함' 같은 외형적 조건에 치우쳐 있어, 경관이 지닌 정서적, 복합적인 가치를 제대로 반영하기 어렵다.

「자연유산법」도 살펴보자. 이 법률은 동식물, 지형, 지질, 자연경관뿐 아니라 역사문화경관과 같은 문화적 요소까지 포괄하고 있어, 일상 경관을 담아낼 가능성이 있어 보인다. 하지만 실제 조항을 살펴보면 다음과 같은 구조적 한계가 드러난다.

첫째, 경관 지정의 권한이 전문가와 행정 기관에 집중되어 있다. '명승'이나 '천연기념물'처럼 국가나 지자체가 지정한 경관만 법적 보호를 받고, 주민들이 일상에서 경험하는 경관은 제도 밖에 머무른다. 둘째, 경관의 가치가 전문가의 판단이나 국가의 지정 여부에 따라 결정된다. 주민들이 느끼는 감정이나 장소의 의미는 평가 기준에서 쉽게 배제된다. 셋째, 주민 참여가 명시되어 있지만, 형식적인 수준에 그치는 경우가 많다. 실질적인 결정 권한은 전문가와 행정 기관에 있다. 넷째, 경관을 '보존해야 할 대상'으로만 인식하는 경향이 강하다. 경관을 삶의 자원으로 활용하거나 새로운 가치를 창출하는 데는 한계가 따른다.

결론적으로, 현행 법률만으로는 일상 경관의 가치를 담아내기 어렵다. 「경관법」은 시각적 요소에 머물러 있고, 「자연유산법」은 국가가 지정한 경관의 보존에 초점을 맞추고 있기 때문이다. 따라서 일상 경관의 복합적 의미와 가치를 제대로 다루기 위해서 새로운 제도적 접근이 필요하다.

제도적 개선 방향

일상 경관의 개념과 가치를 법과 제도에 온전히 담아내기 위해서는 다음과 같은 방향으로 개선이 필요하다.

첫째, 경관에 대한 시각 확장
경관을 단순히 아름다운 풍경으로 보는 좁은 관점에서 벗어나, 사람들이 살아가는 '삶의 터전'이자 삶의 질을 높이는 '사회적 자원'으로 인식해야 한다. 이를 통해 경관을 농촌 소멸이나 기후 위기 같은 시대적 문제에 대응하는 중요한 자원으로 활용할 수 있다.

둘째, 평가 기준의 다각화

경관의 가치를 겉모습만 보고 판단하는 방식에서 벗어나, 그 안에 담긴 삶의 흔적과 사회·문화적 가치를 발견하는 새로운 평가 체계를 구축해야 한다. 예컨대 오래된 담장이나 낡은 골목길처럼 겉보기에는 허름할지라도, 주민들에게는 오랜 기억이 깃든 장소이자 지역의 정체성을 보여 주는 소중한 공간일 수 있다. 이런 비가시적 가치를 포착할 수 있는 기준이 필요하다.

셋째, 경관 민주주의 실현

경관은 전문가나 행정 기관이 일방적으로 지정하는 대상이 아니라, 주민이 함께 가꾸고 의미를 부여하는 사회적 공간이다. 따라서 정책 수립과 실행 과정에 주민의 경험과 의견이 처음부터 반영될 수 있는 구조를 만들어야 한다. 주민이 실질적인 주체로 참여하여 목소리를 낼 수 있는 체계가 마련되어야 진정한 '경관 민주주의'가 실현될 것이다.

넷째, 활용 체계 구축

경관을 단순히 보존 대상으로만 여기지 말고, 누구나 일상에서 함께 누릴 수 있는 '생활 자원'으로 확장해야 한다. 경관을 복지, 문화, 관광, 콘텐츠 등 다양한 분야와 연계하여 활용할 수 있는 시스템이 구축된다면, 일본 히가시카와와 후세, 네덜란드 호그벡 마을과 같은 성공 사례가 우리 사회에서도 나올 수 있다. 이를 통해 일상 경관은 '보는 것'을 넘어 '함께 살아가는 것'이 될 것이다.

글을 마치며

매일 마주하는 익숙한 풍경에는 우리가 미처 알지 못한 이야기와 가치가 숨어 있다. 일상 경관은 단순한 배경이 아니다. 삶의 흔적이 쌓인 장소이자, 공동체의 기억과 관계가 이어지는 생활 무대다. 집 앞 골목길, 길가의 벤치, 오래된 담장처럼 평범해 보이는 공간에는 사람들의 시간과 감정이 켜켜이 쌓여 있다.

이제 경관을 바라보는 우리의 시선을 바꿔야 한다. 화려한 개발만이 해답은 아니다. 지금 우리가 살아가는 일상을 어떻게 가꾸고 돌볼지 고민하는 일이야말로 삶의 질을 높이고 마을을 되살리는 첫걸음이 된다.

이 책이 전하려는 메시지는 단순하다. 경관은 멀리 있지 않다. 지금 여기, 우리의 삶 속에 이미 존재한다. 그 일상을 새롭게 바라보는 순간, 평범한 공간이 빛나기 시작한다. 명승을 넘어, 일상을 바라볼 때 진정한 변화가 시작된다.

부록1

일상 경관, 정책으로 그리기

> 법과 제도가 마련됐다면, 이제는 정책을 세우고 실행할 차례이다. 첫 번째 부록에는 일상 경관의 가치를 우리 사회에 확산시키기 위한 정책 아이디어를 담았다. 이 아이디어들은 정책과 사업이 나아갈 방향을 제시하는 나침반이 될 수 있다. 작고 소박한 생각들이지만, 이 씨앗들이 자라서 일상 경관이 우리 사회에 뿌리내리는 데 보탬이 되기를 바란다.

기본 방향

일상 경관 정책은 세 가지 핵심 방향을 중심으로 추진되어야 한다. 각 영역이 유기적으로 연결되어야 실효성을 높일 수 있으므로, 관계 부처 간 긴밀한 협력이 중요하다. 아울러 모든 영역에서 주민의 주도적인 참여와 역량 강화도 필수적이다. 주민이 직접 경관을 기록하고 활용할 수 있어야 정책이 현장에서 실질적인 효과를 낼 수 있다.

1. 인식 전환과 주민 역량 강화

경관을 눈으로 감상하는 대상으로만 보지 않고, 삶의 무대이자 사회적 자산으로 인식해야 한다. 이를 위해 국토교통부 등 관계 부처와 지자체는 주민 대상 교육과 참여 프로그램을 운영하여 경관에 대한 인식을 개선하고, 주민이 스스로 경관을 가꾸고 활용할 수 있도록 역량을 강화하는 사업을 추진한다.

2. 조사·연구와 자원화

일상 경관의 가치를 조사하고 이를 공공 자원으로 전환하는 일은 국가유산청이 주도한다. 이 작업은 정책의 근거를 마련하고, 일상 경관의 의미를 구체화하는 데 중요한 출발점이 된다.

3. 활용과 확산

일상 경관을 국민의 삶과 연결하고 그 가치를 널리 알리기 위해 콘텐츠를 개발하고 활용하는 체계를 구축한다. 이 일은 문화체육관광부를 중심으로, 농림축산식품부 등 관계 부처가 협력하여 추진한다.

주요 과제 예시

전략 영역	정책 과제명	주요 내용	관련 부처
1. 인식 전환 · 주민 역량 강화	일상 경관 주간 (week)	– 개요: 매년 특정 기간에 지자체 주관으로 일상 경관의 인식 제고 프로그램 운영 – 내용: 동네 풍경 공모전, 마을 경관 가꾸기, 우리 동네 경관 지도 만들기, 골목 경관 투어 및 해설, 골목 축제 등 다양한 활동을 진행함 – 의의: 주민이 주체가 되어 일상 경관의 가치를 재발견하고 함께 가꾸며 실천하는 계기를 마련함	국토교통부, 지자체
	일상 경관 인증제	– 개요: 주민이 자발적으로 가꾼 생활 경관을 평가해 공식적으로 인증하는 제도 – 인증 혜택: 인증 현판 부착, 예산 인센티브 제공, 관광 및 교육 프로그램 연계, 홍보 및 콘텐츠 제작 지원 등 – 의의: 주민이 가꾼 평범한 일상 경관도 의미 있는 자산으로 인정받는 경험을 통해, 주민의 자부심을 높이고 자발적인 참여 문화를 확산시킴	국가유산청, 지자체
	일상 경관 해설사 양성	– 개요: 시민, 은퇴자, 청년 등을 대상으로 일상 경관을 해석하고 이야기로 풀어낼 수 있는 역량을 길러줌 – 내용: 기초 이론, 스토리텔링 기법, 해설 실습, 현장 교육(골목 경관 투어), 이수 후에는 학교나 도서관과 연계한 해설사 활동 기회 제공 – 의의: 주민이 주도하여 경관을 해설하고 향유하는 문화를 확산시키며, 새로운 일자리와 사회적 가치를 창출하는 데 기여함	국가유산청, 지자체 (지역 대학)

전략 영역	정책 과제명	주요 내용	관련 부처
2. 조사 · 연구 · 자원화	일상 경관 기록 활동가 양성	– 개요: 시민, 은퇴자, 청년 등을 대상으로 일상 경관을 기록·보존·활용하는 역량을 길러주는 교육 프로그램 – 내용: 경관 인식 훈련(감정과 의미 읽기), 이야기 발굴, 디지털 기록 기술, 공유 및 소통 역량 등 교육 – 의의: 주민이 지역의 고유한 경관 자원을 스스로 발굴하고 활용함으로써 경관 민주주의 토대를 구축하는 데 기여함	국가유산청, 지자체
	경관 감성 지도 구축	– 개요: 경관의 위치정보와 주민의 감정, 기억, 이야기를 수집하여 지도로 시각화하는 프로젝트이며, 도시 계획과 콘텐츠 개발에 다양하게 활용됨 – 내용: ■ 데이터 수집: 경관의 위치정보, 감정 데이터, 주민 경험담, 사진·영상 등 ■ 수집 방법: 시민이 온라인 플랫폼에 특정 장소에 대한 감정, 이야기 등 기록 ■ 활용 방향: 디지털 일상 경관 박물관 서비스, 감정 기반 맞춤형 경관 관광 루트 개발, 경관 계획 및 도시 재생 사업에 활용 – 의의: 지리 정보와 감성을 결합한 새로운 경관 기록 및 활용 방식을 확산시키고, 정성적 데이터를 정책 자원으로 전환하는 모델을 제시함	국가유산청, 문화체육관광부, 국토교통부, 지자체

전략 영역	정책 과제명	주요 내용	관련 부처
2. 조사 · 연구 · 자원화	고도(古都) 지구 주민 주도 일상 경관 아카이빙 사업	– 개요: 고도(古都) 지구 주민들이 일상 경관을 직접 발굴·수집·기록하고, 이를 바탕으로 아카이브와 감성 지도를 구축함 – 내용: ■ 기록 인력 양성: 구술 채록, 사진·영상 기록, 감정 표현 훈련, 디지털 플랫폼 활용법, GIS 기초 교육, 전시 및 해설 기법 교육 등 ■ 자료 수집: 감정·기억·이야기·사진·영상·구술 자료 등 일상 경관 관련 정보 ■ 수집 방법: 마을 단위 워크숍, 골목 걷기 프로그램, 디지털 플랫폼, 인터뷰, 동아리 운영 등 ■ 교육 및 지원: 경관 기록 활동가 양성 프로그램과 경관 감성 지도 사업과 연계하여 시너지 효과를 냄. 주민을 단순 참여자가 아닌 기록자, 해석자, 활용자로 성장시키는 단계별 역량 강화 교육을 추진함 – 의의: 주민이 주도적으로 경관을 기록하고 공유하며, 마을의 기억을 함께 만들어가는 참여 문화를 형성함으로써 개발 제한에 따른 갈등을 완화하고, 마을의 자긍심과 공동체 의식을 높임	국가유산청, 문화체육관광부, 지자체

전략 영역	정책 과제명	주요 내용	관련 부처
3. 활용·확산	경관형 주거 모델 개발 및 보급	- 개요: 주민 거버넌스가 주도하여 경관을 중심으로 주거, 교육, 문화, 산업을 유기적으로 연결한 새로운 주거 모델 개발하고 확산함 - 내용: ■ 경관 중심 주거 환경 조성: 어디서든 경관을 조망할 수 있는 주택을 설계하고 조망권을 고려한 경관형 건축 지침을 마련함 ■ 도심 재생 및 교류 공간 조성: 구도심에 문화 시설, 교류 센터, 상업 시설 등 집중 배치하여 공동체 활성화와 지역 경제 회복을 도모함 ■ 특화 교육 강화: 학교 시설 일부를 커뮤니티와 결합한 복합 공간으로 운영하고, 지역 특화 교육 프로그램을 도입하여 가족 단위 인구 유입을 유도함 ■ 외지인 정주 기반 조성: 자연 친화적이고 저밀도 구조의 주거 단지를 조성하고, 귀농·귀촌인을 위한 맞춤형 지원 정책을 추진함 ■ 소규모 산업 및 경제 순환 체계 구축: 경관과 마을 브랜드를 기반으로 소규모 산업을 육성하고, 지역 내에서 경제가 선순환되는 구조를 만듦 - 의의: 경관을 마을 자산으로 활용한 새로운 도시 재생 모델을 제시함	국토교통부, 농림축산식품부, 지자체

전략 영역	정책 과제명	주요 내용	관련 부처
3. 활용 · 확산	경관 복지 마을 조성	– 개요: 치유 기능을 갖춘 경관을 중심으로 주거, 돌봄, 치유가 통합된 '경관 복지 마을'을 조성함 – 내용: ■ 숲, 수변 등 자연 경관을 활용한 심리 회복 공간을 설계, 배치함 ■ 돌봄이 필요한 계층을 대상으로 맞춤형 주거 지원과 돌봄 서비스를 제공함 ■ 산책, 명상, 원예, 음악·미술 치료 등 정기적인 치유 프로그램을 운영하며, 지역 복지 기관과 연계해 회복 프로그램을 진행함 ■ 치유 경관을 활용한 관광 및 교육 콘텐츠를 개발함 – 의의: 자연 경관과 일상 경관을 활용한 새로운 통합 복지 모델을 제시함	보건복지부, 농림축산식품부, 지자체

부록 2

일상 경관을 만나는 여행법

두 번째 부록에서는 일상 경관을 오감으로 즐기는 특별한 여행법을 소개한다. 일본의 '히가시카와'와 한국의 '고한' 사례를 통해 우리 주변의 평범한 풍경을 새롭게 바라보는 감각을 익힐 수 있다. 이렇게 익힌 감각은 떠나고 싶은 여행지나 우리가 사는 동네를 더욱 특별하게 만들어 줄 것이다.

일본 홋카이도 히가시카와
Higashikawa, Hokkaido, Japan / 北海道上川郡東川町

어떻게 갈까?

히가시카와에 가려면 먼저 홋카이도 북부의 중심 도시인 '아사히카와'로 가야 한다. 아사히카와는 홋카이도에서 삿포로 다음으로 큰 도시이며, 교통과 관광의 거점 역할을 한다. 아사히카와 공항에는 국내선과 일부 국제선이 취항하며, 인천공항에서 직항편을 이용할 수 있다. 다만, 직항편은 성수기(6~8월, 12~3월)에만 운항하니 사전에 항공사 일정을 확인해야 한다. 직항편이 없는 기간에는 삿포로의 신치토세 공항을 거쳐 아사히카와 시내로 이동할 수 있으며, 이때 버스나 기차를 이용하면 편리하다.

아사히카와 공항에 도착한 후 히가시카와로 이동하는 방법은 크게 두 가지다.

첫째, 공항에서 히가시카와로 바로 가는 버스를 이용하는 방법이다. 30~40분 정도 걸린다.

둘째, 공항에서 아사히카와 시내로 이동한 후, 버스나 렌터카를 이용해 히가시카와로 들어가는 방법이다. 아사히카와 시내에서 히가시카와까지 차로 약 30분, 버스로 약 50분 걸린다. 히가시카와는 대중교통 노선이 많지 않아 주변 관광지도 함께 둘러볼 계획이라면 렌터카를 이용하는 것이 좋다.

'아사히카와'는 어떤 곳일까?
Asahikawa
旭川市

도심 속 자연
아사히카와는 도시와 자연이 조화를 이루는 매력적인 곳이다. 도심을 가로지르는 이시카리강과 잘 조성된 강변 산책로, 공원 덕분에 자연을 가까이서 느낄 수 있다.

아름다운 설경
겨울에는 도시 전체가 눈으로 뒤덮여 아름다운 설경을 만끽할 수 있다.

아사히야마 동물원
일본에서 손꼽는 동물원이며, 동물의 행동을 가까이서 관찰할 수 있도록 설계된 전시 방식이 유명하다.

라멘의 도시
삿포로, 하코다테와 더불어 홋카이도 3대 라멘으로 꼽히는 아사히카와 라멘을 맛볼 수 있다.

주요 관광지 거점
아사히카와는 근교 여행의 거점 도시이기도 하다. 아름다운 청호수가 있는 '비에이'는 차로 30분, 라벤더 꽃밭이 있는 '후라노'는 차로 1시간 거리에 있다.

히가시카와의 경관과 주변 도시들의 경관을 비교하고 싶다면, 근교 여행 일정을 함께 계획해 보는 것도 좋다.

히가시카와의 '일상 경관' 즐기기

다이세츠산 국립공원
Daisetsuzan National Park
大雪山国立公園

사진 : dominic kurniawan suryaputr (Unsplash 제공)

'홋카이도의 지붕'이라 불리는 다이세츠산 국립공원의 중심에는 해발 2,291m의 '아사히다케(旭岳)'가 우뚝 솟아 있다. 히가시카와에서 차로 30~40분이면 아사히다케 로프웨이 탑승장에 도착한다. 로프웨이를 타면 해발 1,600m 지점인 상단 정류장에 도착한다. 정상 부근의 산책로에는 지열 지대, 고산 습지, 작은 호수가 어우러져 있어, 원시 자연을 온전히 느낄 수 있다. 트레킹을 마친 후 로프웨이 탑승장 근처의 '온천'에서 피로를 풀며 여유로운 시간을 보내는 것을 추천한다.

다이세츠산 트래킹, 히가시카와를 이해하는 첫걸음
다이세츠산은 히가시카와 사람들에게 단순한 자연 풍경이 아니다. 생활의 방향을 정하는 나침판이자, 하루의 리듬을 조절하는 자연 시계다. 히가시카와 집들은 다이세츠산이 잘 보이도록 배치되어 있다. 주택 설계 지침에 '산이 잘 보이도록 창을 낼 것'이라는 원칙이 담겨 있기 때문이다. 주민들은 산에서 흘러내리는 물로 농사를 짓고, 창밖으로 보이는 산을 통해 계절의 변화를 느낀다. 여행객은 트레킹을 하며, 히가시카와의 일상 문화에 깊숙이 뿌리내린 다이세츠산을 온몸으로 느껴볼 수 있다. 히가시카와를 제대로 이해하고 싶다면, 다이세츠산에서 여정을 시작해 보자.

센토퓨어
CentPure
東川町複合交流施設

사진: 저자 촬영

히가시카와 중심부에 있는 센토퓨어는 도서관, 갤러리, 회의실, 정보 센터 등을 갖춘 복합 문화 공간이다. 이곳에서는 사진, 목공예, 설산 등 히가시카와의 정체성을 보여 주는 다양한 전시가 자주 열린다. 방문객들은 책을 읽거나 전시를 감상하고, 커다란 창 너머로 보이는 다이세츠산을 바라보며 편하게 휴식할 수 있다.

센토퓨어,
마을의 일상으로 들어서는 곳
센토퓨어는 여행객이 새로운 방식으로 마을의 경관을 경험하는 특별한 공간이다. 이곳에 전시된 주민 사진을 자세히 들여다보면, 마을 풍경을 향한 주민들의 따뜻한 시선을 느낄 수 있다. '이 사진을 찍은 사람은 어떤 눈으로 마을을 바라봤을까?'라는 질문이 자연스럽게 떠오른다. 센토퓨어는 마을 회의가 열리는 장소이기도 하다. 비록 회의에 참석할 수는 없지만, 분위기를 통해 '주민들은 어떤 고민을 나누며 마을 풍경을 만들었을까?'를 생각하게 된다. 이렇게 센토퓨어에 머무는 동안 여행객은 어느새 마을의 일상 속으로 조용히 스며들게 된다. 그래서 센토퓨어는 여행객에게 마을의 일상으로 들어가는 입구라 할 수 있다.

그린 빌리지
Green Village

그린 빌리지 2006년 무렵 조성된 주택 단지로, 히가시카와 중심 상업지구에서 차로 약 5~10분 거리에 있다. 이곳은 주민들이 마을 경관을 가꾸기 위해 '경관녹화협정'을 자발적으로 맺었다. 이 협약에는 녹지율, 담장 형태, 건축 자재, 나무 종류 등 세부적인 내용까지 규정되어 있다. 이 협약에 따라 이곳에 집을 지으려면 협정에 동의하고 정해진 기준에 따라 건축과 조경을 계획해야 한다. 특히 담장을 없애고 개인 정원을 개방하는 것은 중요한 원칙 가운데 하나다.

그린 빌리지,
살아 있는 '일상 경관 교과서'
그린 빌리지는 주민들이 자발적으로 경관을 가꾸어 마을을 발전시킨 사례다. 그래서 관광지라기보다 견학 장소에 가까우며 공무원, 연구자, 학생들이 경관 학습을 위해 이곳을 찾는다. 그린 빌리지를 더 깊이 이해하고 싶다면, 방문 전 히가시카와 청사에 들러 경관 지침서와 주민 인터뷰 자료를 미리 살펴보는 것이 좋다. 그리고 이 마을의 일상 경관을 이해하는 데 다음 내용을 참고하면 도움이 될 것이다.

① 아름답고 조화로운 풍경은 정해진 규칙이나 디자인만으로 만들어지지 않는다. 그곳에 사는 사람들이 직접 가꾸고 돌볼 때 진정한 아름다움이 생겨난다. 그린 빌리지에서 그 모습을 확인할 수 있다.

② 그린 빌리지에서는 위성 안테나, 에어컨 실외기 위치처럼 사소해 보이는 부분까지 규정으로 정해져 있다. 이런 작은 약속들이 모여 마을 전체의 조화와 아름다움을 만들어 낸다. 이곳에서 '작은 규칙이 큰 질서를 만든다'라는 말의 의미를 실감할 수 있다.

③ 그린 빌리지에서 주민들은 '개인 정원도 마을 경관의 일부'라고 생각하며 정원을 가꾼다. 이는 경관을 함께 만드는 것이라는 공동 책임 의식을 보여 준다. 작고 사적인 정원들이 모여 마을 전체의 모습을 어떻게 변화시키는지 직접 확인할 수 있다.

④ '경관은 마을 철학을 보여 준다'라는 말처럼, 그린 빌리지의 풍경만 봐도 주민들이 어떤 가치를 중요하게 여기며 살아가는지 알 수 있다. 예를 들어, 나무 그늘에 놓인 벤치에서는 걷는 이들을 배려하는 마음을 느낄 수 있다. 자연보다 더 튀지 않으려는 마을 디자인에서 자연을 존중하며 조화롭게 살아가려는 태도를 엿볼 수 있다.

라이프 스타일 편집숍 'SALT'
SALT는 히가시카와의 자연 친화적 삶의 방식을 감각적으로 보여 주는 편집숍이다. 단순한 상품 판매장이 아니라, 마을의 철학을 담은 작은 전시장과도 같은 공간이다. 히가시카와 중심부에서 차로 5~10분 거리에 있으며 의류, 잡화, 생활용품, 야외용품 등 다양한 물건을 취급한다. 진열된 상품 하나하나에는 '자연과 연결된 물건', '필요한 만큼만, 오래 쓰기' 같은 SALT만의 철학이 담겨 있다. 매장 내부는 따뜻한 우드 인테리어로 꾸며져 있으며, 한쪽에는 작은 카페 공간이 있어 산책 중에 잠시 쉬어 가기에도 좋다.

진열된 상품을 보며 경관 상상해 보기
SALT의 상품을 보며 이 마을의 풍경을 상상해 보면 즐거운 경험이 될 것이다. 예를 들어, '우드 손잡이 머그잔'을 보면 차가운 겨울 아침에 눈 덮인 창밖 풍경과 따뜻한 커피가 떠오른다. '무채색 셔츠'는 흐린 겨울 하늘, 눈 덮인 지붕, 안개 낀 숲을 연상시킨다. '울 소재 트래킹 양말'은 눈 쌓인 숲길을 뽀드득 소리 내며 걷는 모습을 상상하게 한다. SALT에서 진열된 물건들을 통해 히가시카와의 일상 경관을 그려 보면, 이 마을을 더욱 생생하게 이해할 수 있다.

파머스 카페 후도
Farmers' Café Fudo
히가시카와의 한적한 농가에 자리한 작은 카페. 중심부에서 차로 약 10분 거리에 있다. 농장 주인이 직접 키운 농산물로 요리하며, 대표 메뉴는 직접 기른 토마토와 달걀, 히가시카와산 쌀로 만든 오므라이스다. 가게 인테리어는 군더더기 없이 심플하다. 과하지 않은 장식과 넉넉한 여백 덕분에 시선은 자연스럽게 창밖 풍경으로 향한다.

식탁 위에 놓인 '마을의 마음'

사진 : marine le ga (Unsplash 제공)

히가시카와에는 '후도'처럼 지역 농산물로 정직하게 요리하는 작은 식당들이 많다. 이들은 멀리서 수입한 값비싼 재료보다 가까운 곳에서 생산한 제철 재료로 음식을 만들어 나누는 것을 삶의 방식으로 여긴다. 이곳의 식문화는 도시와는 조금 다르다. 서둘러 먹고 일어나기보다 음식을 천천히 음미하며 계절을 느끼고, 남김없이 깨끗이 비운다. 이처럼 한 끼 식사에는 "우리는 이렇게 살아갑니다."라는 마을 사람들의 메시지가 담겨 있다. 이곳에서 식사를 하며, 주민들이 어떤 마음가짐으로 살아가는지를 천천히 느껴보자. 그 한 끼가 당신의 여행을 더욱 따뜻하게 만들어 줄 것이다.

와인 오베르주, 히가시카와 페리칸
Higashikawa Perican
히가시카와 외곽의 논밭 한가운데 자리한 오베르주다. 오베르주는 숙박이 가능한 레스토랑을 뜻한다. 이곳에서는 히가시카와에서 나는 식재료로 만든 프렌치 코스 요리와 30~50종의 와인을 즐길 수 있다. 특히 히가시카와산 포도로 빚은 와인도 맛볼 수 있다. 히가시카와는 포도 재배에 좋은 기후와 토양을 갖추고 있어, 작지만 개성 있는 와이너리들이 곳곳에 있다. '와인과 요리, 자연 속 하룻밤'이라는 특별한 경험을 원한다면, 이곳을 방문해 보자.

경관을 온몸으로 느껴 보기

페리칸 주변에는 특별한 관광 명소가 없다. 대신 논밭이 넓게 펼쳐져 있고 낮은 언덕 너머로 다이세츠산이 길게 이어져 있다. 이런 평범한 농촌의 모습은 식탁 위의 프렌치 코스 요리를 더욱 돋보이게 만든다. 이 지역에서 자란 채소와 쌀, 포도로 만든 요리를 천천히 맛보다 보면, 그 안에 담긴 땅의 기운과 계절의 흐름, 정성스러운 손길이 전해진다. 페르칸 주변에는 인공 구조물이나 간판이 없다. 밤이 되면 주변은 불빛 하나 없이 어둠에 잠기고, 고요함 속에서 바람 소리와 풀벌레 소리만 또렷하게 들린다. 분주한 일상에서 벗어나 한적한 시골 마을에서 고요한 하루를 보내고 싶다면 이곳은 좋은 선물이 될 것이다. 경관을 몸과 마음으로 느낄 수 있는 특별한 경험을 선사할 것이다.

한국 강원도 정선군 고한읍 '골목 정원'

Village Path Gardens, Gohan-eup, Jeongseon-gun, Gangwon-do, South Korea

어떤 곳일까?

사진 : 저자 촬영

강원도 정선군 고한읍은 인구 4,200여 명의 작은 산골 마을이다. 20세기 중반 석탄 산업이 활기를 띠며 한때 인구가 3만 명을 넘기도 했다. 하지만 1989년 '석탄산업 합리화 정책' 이후 탄광이 문을 닫으면서 마을도 빠르게 쇠퇴했다. 하지만 마을을 포기할 수 없었던 주민들의 노력으로 변화의 바람이 불기 시작했다. 주민들은 집 앞에 화분을 놓고 지저분한 골목길을 치우기 시작했다. 그렇게 시작된 작은 실천이 도시 재생 사업으로 이어지면서 고한읍은 다시 살아났다. 현재 마을 주변에는 '골목 정원'을 비롯해 폐광을 문화공간으로 바꾼 '삼탄아트마인', 하늘과 맞닿을 듯한 고갯길 '만항재', 함백산 자락을 따라 걷는 '함백산 둘레길' 등 자연과 문화를 함께 즐길 수 있는 명소들이 있다.

고한읍의 '골목 정원'은 고한읍 5리 주택가, 구공탄 시장, 마을호텔 18번가의 골목길을 따라 조성된 작고 아담한 생활 정원이다. 조경 전문가가 설계한 정원이 아니라, 주민들이 직접 집 앞에 화분을 놓고 들꽃을 심으며 조금씩 가꾼 공간이다. 담벼락 밑에 놓인 작은 화분들과 좁은 골목을 따라 이어지는 꽃길에는 마을을 아끼는 주민들의 진심과 정성이 담겨 있다. 골목 정원은 '고한 골목길 정원박람회'를 통해 외부에 알려지기 시작했다. 이 박람회는 2019년부터 매년 여름에 열리며, 올해로 벌써 일곱 번째를 맞는다. 박람회 덕분에 고한읍은 폐광촌이라는 이미지를 벗고, 꽃과 정원이 어우러진 아름다운 마을로 널리 알려지게 되었다.

'놀이'처럼 여행해 보기

고한읍 골목 정원을 '놀이'처럼 여행해 보면 어떨까? 아마도 평범한 마을을 오래 기억하게 하는 새로운 여행법이 될 것이다. '놀이'처럼 여행한다는 것은 일정에 얽매이지 않고, 자기 감각을 따라 자유롭게 걷고 머무는 방식이다. 유명 맛집이나 핫플레이스를 찾아 바쁘게 다니는 여행과는 다르다. 그런 여행은 사진만 남고 그때의 감정과 분위기는 쉽게 사라진다. 하지만 감각을 열고 자신만의 리듬으로 여행하면 이야기가 달라진다. 길가의 꽃 한 송이, 오래된 간판처럼 평소라면 스쳐 지나쳤을 것들이 눈에 들어오기 시작하고, 그곳에서 나만의 의미를 발견하게 된다. 그렇게 놀이하듯 여행하면, 그때의 감정과 느낌은 오래도록 마음에 남을 것이다.

네덜란드 역사학자 요한 하위징아는 인간을 '호모 루덴스' 즉 놀이하는 존재라 했다. 그는 진정한 놀이에는 몰입과 감각을 통한 즐거움이 있다고 설명했다. 이 이론은 여행에도 적용된다. '놀이'처럼 여행한다는 것은 정해진 코스를 따르기보다, 마음 가는 대로 걷고 눈에 들어오는 장면에 반응하는 방식이다. 그렇게 감각을 열고 주변과 상호 작용을 하다 보면, 어느새 그 여행은 나만의 특별한 놀이가 된다. 꼭 유명한 장소가 아니어도 괜찮다. 평범한 마을이나 오래된 골목길도 놀이처럼 여행할 수 있다.

'골목 정원'을 놀이처럼 즐기는 4가지 방법

평범한 마을 풍경을 색다르게 즐기는 네 가지 방법을 소개한다. 이 놀이는 누구나, 어디서든 자유롭게 시도할 수 있다. 가장 중요한 원칙은 풍경을 단순히 배경으로만 보지 않고, 그곳에 감각과 상상력을 불어넣는 것이다.

1. 꽃에 이름 붙이기
골목길을 걷다가 꽃을 발견하면, 그 순간의 감정이나 느낌을 담아 이름을 지어 보자. 예를 들어 '아침햇살 꽃', '숨어버린 용기'처럼 말이다. 정해진 답은 없다. 자신의 감정과 상상으로 꽃에 새로운 의미를 부여하는 활동이다. 이 활동을 통해 그 꽃은 평범한 식물이 아니라 당신의 마음을 비추는 특별한 존재가 될 것이다.

2. 감각 지도 그리기
골목길을 걷다가 눈에 들어온 장면, 코끝을 스치는 냄새, 귀에 들리는 소리, 피부로 느껴지는 감각을 그 자리에서 짧게 메모해 보자. 예를 들어 '고소한 냄새가 나던 골목 입구', '낯선 사람이 인사해 준 골목', '고양이와 마주친 모퉁이'처럼 말이다. 이렇게 감각을 따라 기록을 남기다 보면, 어느새 나만의 특별한 골목 지도가 완성된다. 평범했던 길이 한층 더 특별하게 느껴질 것이다.

3. 골목 소리 채집하기

골목길을 걸을 때 지나치기 쉬운 소리에 귀를 기울여 보자. 밥솥에서 김 나는 소리, 식당에서 음식 준비하는 소리, 발걸음 소리, 새가 지저귀는 소리, 어르신들의 대화 소리 등 일상의 소리를 녹음해 보자. 이렇게 담아둔 소리는 집에 돌아가 다시 들었을 때 사진보다 더 생생하게 그때의 기억을 되살려 준다. 이 활동은 평범한 일상에서 새로운 의미를 발견하고 감각을 깨우는 경험이 될 것이다.

4. 냄새로 풍경 기억하기

골목에서 풍기는 냄새를 따라 걸어보는 건 어떨까? 연탄불 위 고기 냄새, 갓 쪄낸 찐빵 냄새, 생선 굽는 냄새처럼 골목마다 고유한 냄새가 있다. 그렇게 냄새를 따라 걷다 보면 자연스럽게 나만의 '냄새 지도'가 완성된다. 나중에 전혀 다른 장소에서 비슷한 냄새를 맡게 되면, 그 골목을 거닐던 순간이 생생하게 떠오를 것이다. 이렇게 한 가지 감각에 온전히 집중하는 것은 바로 이것이 하위징아가 말한 진정한 놀이의 모습이다.

이 책에서 제안한 놀이는 고한 골목에서만 할 수 있는 게 아니다. 여행에서 돌아온 뒤에도, 지금 사는 동네나 앞으로 떠날 여행지에서도 얼마든지 시도해 볼 수 있다. 길에 핀 작은 꽃에 이름을 붙이고, 집 앞 골목에서 들리는 소리를 녹음해 보자. 시장 입구에서 풍기는 고소한 냄새, 벽에 너덜너덜 붙은 포스터, 길에서 마주친 고양이 한 마리도 나만의 방식으로 기록해 보자. 이제 중요한 것은 '어디'가 아니라 '어떻게'다. 주변을 온몸으로 느끼는 순간, 여행은 하나의 놀이가 될 것이다. 지도에 없는 곳이라도 감각을 따라 걷다 보면 뜻밖의 이야기를 펼쳐질 것이다. 평범한 동네 풍경을 놀이처럼 즐기는 이 작은 시도가 기억에 오래 남는 여행을 만들어 줄 것이다.

참고문헌

일러두기

이 책은 본문의 흐름을 자연스럽게 유지하기 위해 인용 표시를 따로 하지 않았다. 본문에서 참고하거나 인용한 자료는 모두 이곳에 정리해 두었다. 관심 있는 독자께서는 참고문헌 목록을 참고해 주시기를 바란다. 책에 사용된 사진과 이미지는 저자가 직접 촬영했거나, 퍼블릭 도메인과 저작권이 자유로운 사이트에서 제공받아 사용했다.

구동회. "문화지리학의 새로운 방향: 이론과 논쟁." *지리학논총* 45 (2005): 315–329.

국토연구원. "경관복지 관점에서 본 도시공간정책 방향." *국토연구원 정책보고서*, 2023.

노세호·김한배·이태겸. "도시미화운동의 형성과 전개양상으로 살펴본 계획적 특성 고찰." *도시인문학연구* 11(2) (2019): 169–207.

다마무라 마사토시·고지마 도시아키 저, 민성원 역. *히가시카와 스타일*. 서울: 소화, 2020.

박경환. "교차성의 지리와 접합의 정치: 페미니즘과 지리학의 경계 넘기를 위하여." *문화역사지리* 21(3) (2009): 1–16.

송영섭. "오스만의 파리 개조사업에 관한 연구." *과학기술연구논문집* 17

(2000): 345-361.

송원섭. "경관지리학에서 경치지리학(景致地理學)으로: 영미권 문화역사지리학 경관연구 패러다임의 전환." 대한지리학회지 50, no. 3 (2015): 305-323.

양병창. "매슬로의 욕구단계이론과 심리학적 의미." 상담학연구 4, no. 1 (2003): 79-95.

오정심. "농촌 지역 활성화를 위한 '일상 경관' 연구: 귀농·귀촌인 경험에 관한 텍스트 마이닝 분석을 중심으로." 한국경관학회지 16, no. 2 (2024): 35-53.

윤홍기. "영어권에서 문화지리학의 발전과 연구동향." 문화역사지리 21, no. 1 (2009): 13-30.

이성근·최민아. "파리 15분 도시계획과 2040 서울도시기본계획의 보행생활권 계획 특성 비교." 프랑스문화연구 58 (2023): 73-97.

정지은. "생활복지와 공간복지: 일상경관의 복지적 가치 재조명." 문화지리학학회지 31, no. 3 (2018): 55-76.

조성희. "코로나19 이후 워라밸 담론과 유연근무제 확산: 일과 삶의 균형 재구성." 한국노동연구원 보고서, 2021.

진종헌. "재현 혹은 실천으로서 경관." 대한지리학회지 48, no. 4 (2013): 557-574.

최병두. "경관 개념의 기원과 지리학적 전개." 한국지리학회지 38, no. 1 (2003): 1-15.

최정신·조재순·서귀숙. "공동활동참여도와 공동생활공간만족도의 효과: 스웨덴 코하우징 거주자의 잠정적 주거조절 틀 속에서." 한국주거학회논문집 25, no. 14 (2014): 125-133.

한국노동연구원. *일·생활 균형제도의 법체계 현황과 정책방향*. 세종: 한국노동연구원, 2023.

한국직업연구원. *재택근무와 일·생활 균형에 대한 인식 변화 연구*. 세종: 한국직업연구원, 2023.

황기원. "景觀의 多義性에 관한 考察." 한국조경학회지 17, no. 1 (1989): 55–68.

황기원. *경관의 해석: 그 아름다움의 앎*. 서울: 서울대학교출판문화원, 2011.

황주영. "18세기 영국 풍경식 정원에 관한 연구." 미술사학보 26 (2006): 179–202.

E. H. 곰브리치 저, 백승길 역. *서양미술사*. 서울: 예경, 2007.

앙리 르페브르 저, 박정자 역. *현대세계의 일상성*. 서울: 기파랑, 2022.

Cosgrove, Denis E. *Social Formation and Symbolic Landscape*. Madison: University of Wisconsin Press, 1984.

Cosgrove, Denis. "Cultural Turns: Geography, History, and Culture." *Journal of Historical Geography* 24, no. 1 (1998): 97–102.

Cosgrove, Denis, and Stephen Daniels, eds. *The Iconography of Landscape: Essays on the Symbolic Representation, Design and Use of Past Environments*. Cambridge: Cambridge University Press, 1988.

Council of Europe. *Convention européenne du paysage*. Strasbourg: Council of Europe, 2000.

Duncan, James S. *The City as Text: The Politics of Landscape Interpretation in the Kandyan Kingdom*. Cambridge: Cambridge University Press, 1990.

Wilson, Chris, and Paul Groth, eds. *Everyday America: Cultural Landscape*

Studies after J. B. Jackson. Berkeley: University of California Press, 2003.

Wilson, William H. *The City Beautiful Movement*. Baltimore: Johns Hopkins University Press, 1989.

프랑스엔 〈크세주〉, 일본엔 〈이와나미 문고〉, 한국에는 〈살림지식총서〉가 있습니다.

📱 전자책 | 🔍 큰글자 | 🔊 오디오북

001 미국의 좌파와 우파 | 이주영 📱🔊
002 미국의 정체성 | 김형인 📱🔍
003 마이너리티 역사 | 손영호 📱
004 두 얼굴을 가진 하나님 | 김형인 📱
005 MD | 정욱식 📱🔍
006 반미 | 김진웅 📱
007 영화로 보는 미국 | 김성곤 📱🔊
008 미국 뒤집어보기 | 장석정
009 미국 문화지도 | 장석정
010 미국 메모랜덤 | 최성일
011 위대한 어머니 여신 | 장영란 📱🔊
012 변신이야기 | 김선자 📱
013 인도신화의 계보 | 류경희 📱🔊
014 축제인류학 | 류정아 📱
015 오리엔탈리즘의 역사 | 정진농 📱🔍
016 이슬람 문화 | 이희수 📱🔊
017 살롱문화 | 서정복 📱
018 추리소설의 세계 | 정규웅 🔍
019 애니메이션의 장르와 역사 | 이용배 📱
020 문신의 역사 | 조현설
021 색채의 상징, 색채의 심리 | 박영수 📱🔊
022 인체의 신비 | 이성주 📱🔊
023 생물학무기 | 배우철 📱
024 이 땅에서 우리말로 철학하기 | 이기상
025 중세는 정말 암흑기였나 | 이경재 📱🔍
026 미셀 푸코 | 양운덕 📱
027 포스트모더니즘에 대한 성찰 | 신승환 📱
028 조폭의 계보 | 방성수
029 성스러움과 폭력 | 류성민 📱
030 성상 파괴주의와 성상 옹호주의 | 진형준 📱
031 UFO학 | 성시정
032 최면의 세계 | 설기문 📱
033 천문학 탐구자들 | 이면우
034 블랙홀 | 이충환 📱
035 법의학의 세계 | 이윤성 📱🔍
036 양자 컴퓨터 | 이순칠 📱
037 마피아의 계보 | 안혁 📱🔊
038 헬레니즘 | 윤진 📱🔍
039 유대인 | 정성호 📱🔊
040 M. 엘리아데 | 정진홍 📱🔊
041 한국교회의 역사 | 서정민 📱🔊
042 야훼와 바알 | 김남일 📱
043 캐리커처의 역사 | 박창석
044 한국 액션영화 | 오승욱 📱
045 한국 문예영화 이야기 | 김남석 📱
046 포켓몬 마스터 되기 | 김윤아 📱

047 판타지 | 송태현 📱
048 르 몽드 | 최연구 📱🔍
049 그리스 사유의 기원 | 김재홍 📱
050 영혼론 입문 | 이정우
051 알베르 카뮈 | 유기환 📱
052 프란츠 카프카 | 편영수 📱
053 버지니아 울프 | 김희정 📱
054 재즈 | 최규용 📱🔊
055 뉴에이지 음악 | 양한수 📱
056 중국의 고구려사 왜곡 | 최광식 📱🔊
057 중국의 정체성 | 강준영 📱🔊
058 중국의 문화코드 | 강진석 🔍
059 중국사상의 뿌리 | 장현근 📱🔊
060 화교 | 정성호 📱
061 중국인의 금기 | 장범성 📱
062 무협 | 문현선 📱
063 중국영화 이야기 | 임대근 📱
064 경극 | 송철규
065 중국적 사유의 원형 | 박정근 📱🔍
066 수도원의 역사 | 최형걸 📱
067 현대 신학 이야기 | 박만 📱
068 요가 | 류경희 📱
069 성공학의 역사 | 정해윤 📱
070 진정한 프로는 변화가 즐겁다 | 김학선 📱🔍
071 외국인 직접투자 | 송의달
072 지식의 성장 | 이한구 📱
073 사랑의 철학 | 이정은 📱
074 유교문화와 여성 | 김미영 📱
075 매체 정보란 무엇인가 | 구연상 📱🔍
076 피에르 부르디외와 한국사회 | 홍성민 📱
077 21세기 한국의 문화혁명 | 이정덕 📱
078 사건으로 보는 한국의 정치변동 | 양길현 📱🔍
079 미국을 만든 사상들 | 정경희 📱
080 한반도 시나리오 | 정욱식 📱🔍
081 미국인의 발견 | 우수근 📱
082 미국의 거장들 | 김홍국 📱
083 법으로 보는 미국 | 채동배 📱
084 미국 여성사 | 이창신 📱
085 책과 세계 | 강유원 🔍
086 유럽왕실의 탄생 | 김현수 📱🔊
087 박물관의 탄생 | 전진성 📱
088 절대왕정의 탄생 | 임승휘 📱🔊
089 커피 이야기 | 김성윤 📱🔊
090 축구의 문화사 | 이은호
091 세기의 사랑 이야기 | 안재필 📱🔍
092 반연극의 계보와 미학 | 임준서 📱

093 한국의 연출가들 | 김남석
094 동아시아의 공연예술 | 서연호
095 사이코드라마 | 김정일
096 철학으로 보는 문화 | 신응철
097 장 폴 사르트르 | 변광배
098 프랑스 문화와 상상력 | 박기현
099 아브라함의 종교 | 공일주
100 여행 이야기 | 이진홍
101 아테네 | 장영란
102 로마 | 한형곤
103 이스탄불 | 이희수
104 예루살렘 | 최창모
105 상트 페테르부르크 | 방일권
106 하이델베르크 | 곽병휴
107 파리 | 김복래
108 바르샤바 | 최건영
109 부에노스아이레스 | 고부안
110 멕시코 시티 | 정혜주
111 나이로비 | 양철준
112 고대 올림픽의 세계 | 김복희
113 종교와 스포츠 | 이창익
114 그리스 미술 이야기 | 노성두
115 그리스 문명 | 최혜영
116 그리스와 로마 | 김덕수
117 알렉산드로스 | 조현미
118 고대 그리스의 시인들 | 김헌
119 올림픽의 숨은 이야기 | 장원재
120 장르 만화의 세계 | 박인하
121 성공의 길은 내 안에 있다 | 이숙영
122 모든 것을 고객중심으로 바꿔라 | 안상헌
123 중세와 토마스 아퀴나스 | 박주영
124 우주 개발의 숨은 이야기 | 정홍철
125 나노 | 이영희
126 초끈이론 | 박재모·현승준
127 안토니 가우디 | 손세관
128 프랭크 로이드 라이트 | 서수경
129 프랭크 게리 | 이일형
130 리차드 마이어 | 이성훈
131 안도 다다오 | 임채진
132 색의 유혹 | 오수연
133 고객을 사로잡는 디자인 혁신 | 신언모
134 양주 이야기 | 김준철
135 주역과 운명 | 심의용
136 학계의 금기를 찾아서 | 강성민
137 미·중·일 새로운 패권전략 | 우수근
138 세계지도의 역사와 한반도의 발견 | 김상근
139 신용하 교수의 독도 이야기 | 신용하
140 간도는 누구의 땅인가 | 이성환
141 말리노프스키의 문화인류학 | 김용환
142 크리스마스 | 이영제
143 바로크 | 신정아
144 페르시아 문화 | 신규섭
145 패션과 명품 | 이재진
146 프랑켄슈타인 | 장정희

147 뱀파이어 연대기 | 한혜원
148 위대한 힙합 아티스트 | 김정훈
149 살사 | 최명호
150 모던 걸, 여우 목도리를 버려라 | 김주리
151 누가 하이카라 여성을 데리고 사누 | 김미지
152 스위트 홈의 기원 | 백지혜
153 대중적 감수성의 탄생 | 강심호
154 에로 그로 넌센스 | 소래섭
155 소리가 만들어낸 근대의 풍경 | 이승원
156 서울은 어떻게 계획되었는가 | 염복규
157 부엌의 문화사 | 함한희
158 칸트 | 최인숙
159 사람은 왜 인정받고 싶어하나 | 이정은
160 지중해학 | 박상진
161 동북아시아 비핵지대 | 이삼성 외
162 서양 배우의 역사 | 김정수
163 20세기의 위대한 연극인들 | 김미혜
164 영화음악 | 박신영
165 한국독립영화 | 김수남
166 영화와 샤머니즘 | 이종승
167 영화로 보는 불륜의 사회학 | 황혜진
168 J.D. 샐린저와 호밀밭의 파수꾼 | 김성곤
169 허브 이야기 | 조태동·송진희
170 프로레슬링 | 성민수
171 프랑크푸르트 | 이기식
172 바그다드 | 이동은
173 아테네인, 스파르타인 | 윤진
174 정치의 원형을 찾아서 | 최자영
175 소르본 대학 | 서정복
176 테마로 보는 서양미술 | 권용준
177 칼 마르크스 | 박영균
178 허버트 마르쿠제 | 손철성
179 안토니오 그람시 | 김현우
180 안토니오 네그리 | 윤수종
181 박이문의 문학과 철학 이야기 | 박이문
182 상상력과 가스통 바슐라르 | 홍명희
183 인간복제의 시대가 온다 | 김홍재
184 수소 혁명의 시대 | 김미선
185 로봇 이야기 | 김문상
186 일본의 정체성 | 김필동
187 일본의 서양문화 수용사 | 정하미
188 번역과 일본의 근대 | 최경옥
189 전쟁국가 일본 | 이성환
190 한국과 일본 | 하우봉
191 일본 누드 문화사 | 최유경
192 주신구라 | 이준섭
193 일본의 신사 | 박규태
194 미야자키 하야오 | 김윤아
195 애니메이션으로 보는 일본 | 박규태
196 디지털 에듀테인먼트 스토리텔링 | 강심호
197 디지털 애니메이션 스토리텔링 | 배주영
198 디지털 게임의 미학 | 전경란
199 디지털 게임 스토리텔링 | 한혜원
200 한국형 디지털 스토리텔링 | 이인화

201 디지털 게임, 상상력의 새로운 영토 | 이정엽
202 프로이트와 종교 | 권수영
203 영화로 보는 태평양전쟁 | 이동훈
204 소리의 문화사 | 김토일
205 극장의 역사 | 임종엽
206 뮤지엄건축 | 서상우
207 한옥 | 박명덕
208 한국만화사 산책 | 손상익
209 만화 속 백수 이야기 | 김성훈
210 코믹스 만화의 세계 | 박석환
211 북한만화의 이해 | 김성훈·박소현
212 북한 애니메이션 | 이대연·김경임
213 만화로 보는 미국 | 김기홍
214 미생물의 세계 | 이재열
215 빛과 색 | 변종철
216 인공위성 | 장영근
217 문화콘텐츠란 무엇인가 | 최연구
218 고대 근동의 신화와 종교 | 강성열
219 신비주의 | 금인숙
220 십자군, 성전과 약탈의 역사 | 진원숙
221 종교개혁 이야기 | 이성덕
222 자살 | 이진홍
223 성, 그 억압과 진보의 역사 | 윤가현
224 아파트의 문화사 | 박철수
225 권오길 교수가 들려주는 생물의 섹스 이야기 | 권오길
226 동물행동학 | 임신재
227 한국 축구 발전사 | 김성원
228 월드컵의 위대한 전설들 | 서준형
229 월드컵의 강국들 | 심재희
230 스포츠마케팅의 세계 | 박찬혁
231 일본의 이중권력, 쇼군과 천황 | 다카시로 고이치
232 일본의 사소설 | 안영희
233 글로벌 매너 | 박한표
234 성공하는 중국 진출 가이드북 | 우수근
235 20대의 정체성 | 정성호
236 중년의 사회학 | 정성호
237 인권 | 차병직
238 헌법재판 이야기 | 오호택
239 프라하 | 김규진
240 부다페스트 | 김성진
241 보스턴 | 황선희
242 돈황 | 전인초
243 보들레르 | 이건수
244 돈 후안 | 정동섭
245 사르트르 참여문학론 | 변광배
246 문체론 | 이종오
247 올더스 헉슬리 | 김효원
248 탈식민주의에 대한 성찰 | 박종성
249 서양 무기의 역사 | 이내주
250 백화점의 문화사 | 김인호
251 초콜릿 이야기 | 정한진
252 향신료 이야기 | 정한진
253 프랑스 미식 기행 | 심순철
254 음식 이야기 | 윤진아
255 비틀스 | 고영탁
256 현대시와 불교 | 오세영
257 불교의 선약론 | 안옥선
258 질병의 사회사 | 신규환
259 와인의 문화사 | 고형욱
260 와인, 어떻게 즐길까 | 김준철
261 노블레스 오블리주 | 예종석
262 미국인의 탄생 | 김진웅
263 기독교의 교파 | 남병두
264 플로티노스 | 조규홍
265 아우구스티누스 | 박경숙
266 안셀무스 | 김영철
267 중국 종교의 역사 | 박종우
268 인도의 신화와 종교 | 정광흠
269 이라크의 역사 | 공일주
270 르 코르뷔지에 | 이관석
271 김수영, 혹은 시적 양심 | 이은정
272 의학사상사 | 여인석
273 서양의학의 역사 | 이재담
274 몸의 역사 | 강신익
275 인류를 구한 항균제들 | 예병일
276 전쟁의 판도를 바꾼 전염병 | 예병일
277 사상의학 바로 알기 | 장동민
278 조선의 명의들 | 김호
279 한국인의 관계심리학 | 권수영
280 모건의 가족 인류학 | 김용환
281 예수가 상상한 그리스도 | 김호경
282 사르트르와 보부아르의 계약결혼 | 변광배
283 초기 기독교 이야기 | 진원숙
284 동유럽의 민족 분쟁 | 김철민
285 비잔틴제국 | 진원숙
286 오스만제국 | 진원숙
287 별을 보는 사람들 | 조상호
288 한미 FTA 후 직업의 미래 | 김준성
289 구조주의와 그 이후 | 김종우
290 아도르노 | 이종하
291 프랑스 혁명 | 서정복
292 메이지유신 | 장인성
293 문화대혁명 | 백승욱
294 기생 이야기 | 신현규
295 에베레스트 | 김법모
296 빈 | 인성기
297 발트3국 | 서진석
298 아일랜드 | 한일동
299 이케다 하야토 | 권혁기
300 박정희 | 김성진
301 리콴유 | 김성진
302 덩샤오핑 | 박형기
303 마거릿 대처 | 박동운
304 로널드 레이건 | 김형곤
305 셰이크 모하메드 | 최진영
306 유엔사무총장 | 김정태
307 농구의 탄생 | 손대범
308 홍차 이야기 | 정은희

- 309 인도 불교사 | 김미숙
- 310 아힌사 | 이정호
- 311 인도의 경전들 | 이재숙
- 312 글로벌 리더 | 백형찬
- 313 탱고 | 배수경
- 314 미술경매 이야기 | 이규현
- 315 달마와 그 제자들 | 우봉규
- 316 화두와 좌선 | 김호귀
- 317 대학의 역사 | 이광주
- 318 이슬람의 탄생 | 진원숙
- 319 DNA분석과 과학수사 | 박기원
- 320 대통령의 탄생 | 조지형
- 321 대통령의 퇴임 이후 | 김형곤
- 322 미국의 대통령 선거 | 윤용희
- 323 프랑스 대통령 이야기 | 최연구
- 324 실용주의 | 이유선
- 325 맥주의 세계 | 원융희
- 326 SF의 법칙 | 고장원
- 327 원효 | 김원명
- 328 베이징 | 조창완
- 329 상하이 | 김윤희
- 330 홍콩 | 유영하
- 331 중화경제의 리더들 | 박형기
- 332 중국의 엘리트 | 주장환
- 333 중국의 소수민족 | 정재남
- 334 중국을 이해하는 9가지 관점 | 우수근
- 335 고대 페르시아의 역사 | 유흥태
- 336 이란의 역사 | 유흥태
- 337 에스파한 | 유흥태
- 338 번역이란 무엇인가 | 이향
- 339 해체론 | 조규형
- 340 자크 라캉 | 김용수
- 341 하지홍 교수의 개 이야기 | 하지홍
- 342 다방과 카페, 모던보이의 아지트 | 장유정
- 343 역사 속의 채식인 | 이광조 (절판)
- 344 보수와 진보의 정신분석 | 김용신
- 345 저작권 | 김기태
- 346 왜 그 음식은 먹지 않을까 | 정한진
- 347 플라멩코 | 최명호
- 348 월트 디즈니 | 김지영
- 349 빌 게이츠 | 김익현
- 350 스티브 잡스 | 김상훈
- 351 잭 웰치 | 하정필
- 352 워렌 버핏 | 이민주
- 353 조지 소로스 | 김성진
- 354 마쓰시타 고노스케 | 권혁기
- 355 도요타 | 이우광
- 356 기술의 역사 | 송성수
- 357 미국의 총기 문화 | 손영호
- 358 표트르 대제 | 박지배
- 359 조지 워싱턴 | 김형곤
- 360 나폴레옹 | 서정복
- 361 비스마르크 | 김장수
- 362 모택동 | 김승일
- 363 러시아의 정체성 | 기연수
- 364 너는 시방 위험한 로봇이다 | 오은
- 365 발레리나를 꿈꾼 로봇 | 김선혁
- 366 로봇 선생님 가라사대 | 안동근
- 367 로봇 디자인의 숨겨진 규칙 | 구신애
- 368 로봇을 향한 열정, 일본 애니메이션 | 안병욱
- 369 도스토예프스키 | 박영은
- 370 플라톤의 교육 | 장영란
- 371 대공황 시대 | 양동휴
- 372 미래를 예측하는 힘 | 최연구
- 373 꼭 알아야 하는 미래 질병 10가지 | 우정헌
- 374 과학기술의 개척자들 | 송성수
- 375 레이첼 카슨과 침묵의 봄 | 김재호
- 376 좋은 문장 나쁜 문장 | 송준호
- 377 바울 | 김호경
- 378 테킬라 이야기 | 최명호
- 379 어떻게 일본 과학은 노벨상을 탔는가 | 김범성
- 380 기후변화 이야기 | 이유진
- 381 샹송 | 전금주
- 382 이슬람 예술 | 전완경
- 383 페르시아의 종교 | 유흥태
- 384 삼위일체론 | 유해무
- 385 이슬람 율법 | 공일주
- 386 (개정판) 반야심경·금강경 | 곽철환
- 387 루이스 칸 | 김낙중·정태용
- 388 톰 웨이츠 | 신주현
- 389 위대한 여성 과학자들 | 송성수
- 390 법원 이야기 | 오호택
- 391 명예훼손이란 무엇인가 | 안상운
- 392 사법권의 독립 | 조지형
- 393 피해자학 강의 | 장규원
- 394 정보공개란 무엇인가 | 안상운
- 395 적정기술이란 무엇인가 | 김정태·홍성욱
- 396 치명적인 금융위기, 왜 유독 대한민국인가 | 오형규
- 397 지방자치단체, 돈이 새고 있다 | 최인욱
- 398 스마트 위험사회가 온다 | 민경식
- 399 한반도 대재난, 대책은 있는가 | 이정직
- 400 불안사회 대한민국, 복지가 해답인가 | 신광영
- 401 21세기 대한민국 대외전략 | 김기수
- 402 보이지 않는 위협, 종북주의 | 류현수
- 403 우리 헌법 이야기 | 오호택
- 404 핵심 중국어 간체자(簡體字) | 김현정
- 405 문화생활과 문화주택 | 김용범
- 406 미래주거의 대안 | 김세용·이재준
- 407 개방과 폐쇄의 딜레마, 북한의 이중적 경제 | 남성욱·정유석
- 408 연극과 영화를 통해 본 북한 사회 | 민병욱
- 409 먹기 위한 개방, 살기 위한 핵외교 | 김계동
- 410 북한 정권 붕괴 가능성과 대비 | 전경주
- 411 북한을 움직이는 힘, 군부의 패권경쟁 | 이영훈
- 412 인민의 천국에서 벌어지는 인권유린 | 허만호
- 413 성공을 이끄는 마케팅 법칙 | 추성엽
- 414 커피로 알아보는 마케팅 베이직 | 김민주
- 415 쓰나미의 과학 | 이호준
- 416 20세기를 빛낸 극작가 20인 | 백승무

417 20세기의 위대한 지휘자 | 김문경
418 20세기의 위대한 피아니스트 | 노태헌
419 뮤지컬의 이해 | 이동섭
420 위대한 도서관 건축 순례 | 최정태
421 아름다운 도서관 오디세이 | 최정태
422 롤링 스톤즈 | 김기범
423 서양 건축과 실내디자인의 역사 | 천진희
424 서양 가구의 역사 | 공혜원
425 비주얼 머천다이징&디스플레이 디자인 | 강희수
426 호감의 법칙 | 김경호
427 시대의 지성, 노암 촘스키 | 임기대
428 역사로 본 중국음식 | 신계숙
429 일본요리의 역사 | 박병학
430 한국의 음식문화 | 도현신
431 프랑스 음식문화 | 민혜련
432 중국차 이야기 | 조은아
433 디저트 이야기 | 안호기
434 치즈 이야기 | 박승용
435 면(麵) 이야기 | 김한송
436 막걸리 이야기 | 정은숙
437 알렉산드리아 비블리오테카 | 남태우
438 개헌 이야기 | 오호택
439 전통 명품의 보고, 규장각 | 신병주
440 에로스의 예술, 발레 | 김도윤
441 소크라테스를 알라 | 장영란
442 소프트웨어가 세상을 지배한다 | 김재호
443 국제난민 이야기 | 김철민
444 셰익스피어 그리고 인간 | 김도윤
445 명상이 경쟁력이다 | 김필수
446 갈매나무의 시인 백석 | 이숭원
447 브랜드를 알면 자동차가 보인다 | 김흥식
448 파이온에서 힉스 입자까지 | 이강영
449 알고 쓰는 화장품 | 구희연
450 희망이 된 인문학 | 김호연
451 한국 예술의 큰 별 동랑 유치진 | 백형찬
452 경허와 그 제자들 | 우봉규
453 논어 | 윤홍식
454 장자 | 이기동
455 맹자 | 장현근
456 관자 | 신창호
457 순자 | 윤무학
458 미사일 이야기 | 박준복
459 사주(四柱) 이야기 | 이지형
460 영화로 보는 로큰롤 | 김기범
461 비타민 이야기 | 김정환
462 장군 이순신 | 도현신
463 전쟁의 심리학 | 이윤규
464 미국의 장군들 | 여영무
465 첨단무기의 세계 | 양낙규
466 한국무기의 역사 | 이내주
467 노자 | 임헌규
468 한비자 | 윤찬원
469 묵자 | 박문현
470 나는 누구인가 | 김용신

471 논리적 글쓰기 | 여세주
472 디지털 시대의 글쓰기 | 이강룡
473 NLL을 말하다 | 이상철
474 뇌의 비밀 | 서유헌
475 버트런드 러셀 | 박병철
476 에드문트 후설 | 박인철
477 공간 해석의 지혜, 풍수 | 이지형
478 이야기 동양철학사 | 강성률
479 이야기 서양철학사 | 강성률
480 독일 계몽주의의 유학적 기초 | 전홍석
481 우리말 한자 바로쓰기 | 안광희
482 유머의 기술 | 이상훈
483 관상 | 이태룡
484 가상학 | 이태룡
485 역경 | 이태룡
486 대한민국 대통령들의 한국경제 이야기 1 | 이장규
487 대한민국 대통령들의 한국경제 이야기 2 | 이장규
488 별자리 이야기 | 이형철 외
489 셜록 홈즈 | 김재성
490 역사를 움직인 중국 여성들 | 이양자
491 중국 고전 이야기 | 문승용
492 발효 이야기 | 이미란
493 이승만 평전 | 이주영
494 미군정시대 이야기 | 차상철
495 한국전쟁사 | 이희진
496 정전협정 | 조성훈
497 북한 대남 침투도발사 | 이윤규
498 수상 | 이태룡
499 성명학 | 이태룡
500 결혼 | 남정욱
501 광고로 보는 근대문화사 | 김병희
502 시조의 이해 | 임형선
503 일본인은 왜 속마음을 말하지 않을까 | 임영철
504 내 사랑 아다지오 | 양태조
505 수프림 오페라 | 김도윤
506 바그너의 이해 | 서정원
507 원자력 이야기 | 이정익
508 이스라엘과 창조경제 | 정성호
509 한국 사회 빈부의식은 어떻게 변했는가 | 김용신
510 요하문명과 한반도 | 우실하
511 고조선왕조실록 | 이희진
512 고구려조선왕조실록 1 | 이희진
513 고구려조선왕조실록 2 | 이희진
514 백제왕조실록 1 | 이희진
515 백제왕조실록 2 | 이희진
516 신라왕조실록 1 | 이희진
517 신라왕조실록 2 | 이희진
518 신라왕조실록 3 | 이희진
519 가야왕조실록 | 이희진
520 발해왕조실록 | 구난희
521 고려왕조실록 1 | 홍영의
522 고려왕조실록 2 | 홍영의
523 조선왕조실록 1 | 이성무
524 조선왕조실록 2 | 이성무

525 조선왕조실록 3 | 이성무
526 조선왕조실록 4 | 이성무
527 조선왕조실록 5 | 이성무
528 조선왕조실록 6 | 편집부
529 정한론 | 이기용
530 청일전쟁 | 이성환
531 러일전쟁 | 이성환
532 이슬람 전쟁사 | 진원숙
533 소주이야기 | 이지형
534 북한 남침 이후 3일간, 이승만 대통령의 행적 | 남정옥
535 제주 신화 1 | 이석범
536 제주 신화 2 | 이석범
537 제주 전설 1 | 이석범 (절판)
538 제주 전설 2 | 이석범 (절판)
539 제주 전설 3 | 이석범 (절판)
540 제주 전설 4 | 이석범 (절판)
541 제주 전설 5 | 이석범 (절판)
542 제주 민담 | 이석범
543 서양의 명장 | 박기련
544 동양의 명장 | 박기련
545 루소, 교육을 말하다 | 고봉만·황성원
546 철학으로 본 앙트러프러너십 | 전인수
547 예술과 앙트러프러너십 | 조명계
548 예술마케팅 | 전인수
549 비즈니스상상력 | 전인수
550 개념설계의 시대 | 전인수
551 미국 독립전쟁 | 김형곤
552 미국 남북전쟁 | 김형곤
553 초기불교 이야기 | 곽철환
554 한국가톨릭의 역사 | 서정민
555 시아 이슬람 | 유흥태
556 스토리텔링에서 스토리두잉으로 | 윤주
557 백세시대의 지혜 | 신현동
558 구보 씨가 살아온 한국 사회 | 김병희
559 정부광고로 보는 일상생활사 | 김병희
560 정부광고의 국민계몽 캠페인 | 김병희
561 도시재생이야기 | 윤주
562 한국의 핵무장 | 김재엽
563 고구려 비문의 비밀 | 정호섭
564 비슷하면서도 다른 한중문화 | 장범성
565 급변하는 현대 중국의 일상 | 장시,리우린,장범성
566 중국의 한국 유학생들 | 왕링윈, 장범성
567 밥 딜런 그의 나라에는 누가 사는가 | 오민석
568 언론으로 본 정부 정책의 변천 | 김병희
569 전통과 보수의 나라 영국 1-영국 역사 | 한일동
570 전통과 보수의 나라 영국 2-영국 문화 | 한일동
571 전통과 보수의 나라 영국 3-영국 현대 | 김언조
572 제1차 세계대전 | 윤형호
573 제2차 세계대전 | 윤형호
574 라벨로 보는 프랑스 포도주의 이해 | 전경준
575 미셸 푸코, 말과 사물 | 이규현
576 프로이트, 꿈의 해석 | 김석
577 왜 5왕 | 홍성화
578 소가씨 4대 | 나행주
579 미나모토노 요리토모 | 남기학
580 도요토미 히데요시 | 이계황
581 요시다 쇼인 | 이희복
582 시부사와 에이이치 | 양의모
583 이토 히로부미 | 방광석
584 메이지 천황 | 박진우
585 하라 다카시 | 김영숙
586 히라쓰카 라이초 | 정애영
587 고노에 후미마로 | 김봉식
588 모방이론으로 본 시장경제 | 김진식
589 보들레르의 풍자적 현대문명 비판 | 이건수
590 원시유교 | 한성구
591 도가 | 김대근
592 춘추전국시대의 고민 | 김현주
593 사회계약론 | 오수웅
594 조선의 예술혼 | 백형찬
595 좋은 영어, 문체와 수사 | 박종성
596 일상 경관 | 오정심

일상 경관 – 명승을 넘어, 일상을 바라보다

펴낸날	초판 1쇄 2025년 11월 26일
지은이	오정심
펴낸이	심만수
펴낸곳	(주)살림출판사
출판등록	1989년 11월 1일 제9-210호
주소	경기도 파주시 광인사길 30
전화	031-955-1350　팩스　031-624-1356
홈페이지	http://www.sallimbooks.com
이메일	book@sallimbooks.com
ISBN	978-89-522-4973-9　04080
	978-89-522-0096-9　04080 (세트)

※ 값은 뒤표지에 있습니다.
※ 잘못 만들어진 책은 구입하신 서점에서 바꾸어 드립니다.

함께 읽으면 좋은 책

사회·문화

089 커피 이야기 eBook

김성윤(조선일보 기자)

커피는 일상을 영위하는 데 꼭 필요한 현대인의 생필품이 되어 버렸다. 중독성 있는 향, 마실수록 감미로운 쓴맛, 각성효과, 마음의 평화까지 제공하는 커피. 이 책에서 저자는 커피의 발견에 얽힌 이야기를 통해 그 기원을 설명한다. 커피의 문화사뿐만 아니라 커피에 대한 일반적인 정보 및 오해에 대해서도 쉽고 재미있게 소개한다.

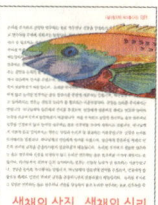

021 색채의 상징, 색채의 심리

박영수(테마역사문화연구원 원장)

색채의 상징을 과학적으로 설명한 책. 색채의 이면에 숨어 있는 과학적 원리를 깨우쳐 주고 색채가 인간의 심리에 어떤 작용을 하는지를 여러 가지 분야의 사례를 통해 설명한다. 저자는 색에는 나름대로의 독특한 상징이 숨어 있으며, 성격에 따라 선호하는 색채도 다르다고 말한다.

001 미국의 좌파와 우파 eBook

이주영(건국대 사학과 명예교수)

진보와 보수 세력의 변천사를 통해 미국의 정치와 사회 그리고 문화가 어떻게 형성되고 변해왔는지를 추적한 책. 건국 초기의 자유방임주의가 경제위기의 상황에서 진보-좌파 세력의 득세로 이어진 과정, 민주당과 공화당의 대립과 갈등, '제2의 미국혁명'으로 일컬어지는 극우파의 성장 배경 등이 자연스럽게 서술된다.

002 미국의 정체성 10가지 코드로 미국을 말하다 eBook

김형인(한국외대 연구교수)

개인주의, 자유의 예찬, 평등주의, 법치주의, 다문화주의, 청교도 정신, 개척 정신, 실용주의, 과학·기술에 대한 신뢰, 미래지향성과 직설적 표현 등 10가지 코드를 통해 미국인의 정체성과 신념을 추적한 책. 미국인의 가치관과 정신이 어떠한 과정을 통해서 형성되고 변천되어 왔는지를 보여 준다.

사회·문화

058 중국의 문화코드

강진석(한국외대 연구교수)

중국의 핵심적인 문화코드를 통해 중국인의 과거와 현재, 문명의 형성 배경과 다양한 문화 양상을 조명한 책. 이 책은 중국인의 대표적인 기질이 어떠한 역사적 맥락에서 형성되었는지 주목한다. 또한, 구체적이고 실제적인 여러 사물과 사례를 중심으로 중국인의 사유방식에 대해 설명해 주고 있다.

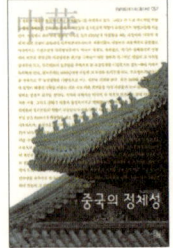

057 중국의 정체성   `eBook`

강준영(한국외대 중국어과 교수)

중국, 중국인을 우리는 과연 어떻게 이해해야 하나? 우리 겨레의 역사와 직·간접적으로 끊임없이 영향을 주고받은 중국, 그러면서도 아직까지 그들의 속내를 자신 있게 말할 수 없는, 한편으로는 신비스럽고, 한편으로는 종잡을 수 없는 중국인에 대한 정체성을 명쾌하게 정리한 책.

015 오리엔탈리즘의 역사   `eBook`

정진농(부산대 영문과 교수)

동양인에 대한 서양인의 오만한 사고와 의식에 준엄한 항의를 했던 에드워드 사이드의 오리엔탈리즘. 이 책은 에드워드 사이드의 이론 해설에 머무르지 않고 진정한 오리엔탈리즘의 출발점과 그 과정, 그리고 현재와 미래의 조망까지 아우른다. 또한 오리엔탈리즘이 사이드가 발굴해 낸 새로운 개념이 결코 아님을 역설한다.

186 일본의 정체성   `eBook`

김필동(세명대 일어일문학과 교수)

일본인의 의식세계와 오늘의 일본을 만든 정신과 문화 등을 소개한 책. 일본인을 지배하는 이데올로기는 무엇이고 어떤 특징을 가지는지, 일본을 주목해야 하는 이유는 무엇인지 등이 서술된다. 일본인 행동양식의 특징과 토착적인 사상, 일본사회의 문화적 전통의 실체에 대한 분석을 통해 일본의 정체성을 체계적으로 살펴보고 있다.

사회·문화

261 노블레스 오블리주 세상을 비추는 기부의 역사

예종석(한양대 경영학과 교수)

프랑스어로 '높은 사회적 신분에 상응하는 도덕적 의무'를 뜻하는 노블레스 오블리주. 고대 그리스부터 현대까지 이어지고 있는 노블레스 오블리주의 역사 및 미국과 우리나라의 기부 문화를 살펴보고, 새로운 시대정신으로 노블레스 오블리주를 부활시킬 수 있는 가능성을 모색해 본다.

396 치명적인 금융위기, 왜 유독 대한민국인가 `eBook`

오형규(한국경제신문 논설위원)

이 책은 전 세계적인 금융 리스크의 증가 현상을 살펴보는 동시에 유달리 위기에 취약한 대한민국 경제의 문제를 진단한다. 금융안정망 구축 방안과 같은 실용적인 경제정책에서부터 개개인이 기억해야 할 대비법까지 제시해 주는 이 책을 통해 현대사회의 뉴노멀이 되어 버린 금융위기에서 살아남는 방법을 확인해 보자.

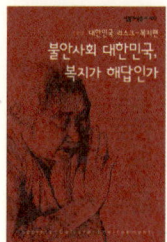

400 불안사회 대한민국, 복지가 해답인가 `eBook`

신광영(중앙대 사회학과 교수)

대한민국 사회의 미래를 위해서 복지는 선택이 아니라 필수라고 말하는 책. 이를 위해 경제 위기, 사회해체, 저출산 고령화, 공동체 붕괴 등 불안사회 대한민국이 안고 있는 수많은 리스크를 진단한다. 저자는 사회적 위험에 대응하기 위한 복지 제도야말로 국민 모두의 삶의 질을 높일 수 있는 길이라는 것을 역설한다.

380 기후변화 이야기 `eBook`

이유진(녹색연합 기후에너지 정책위원)

이 책은 기후변화라는 위기의 시대를 살면서 우리가 알아야 할 기본지식을 소개한다. 저자는 기후변화와 관련된 핵심 쟁점들을 모두 정리하는 동시에 우리가 행동해야 할 실천적인 대안을 제시한다. 이를 통해 독자들은 기후변화 시대를 사는 우리가 무엇을 해야 할 것인지에 대하여 생각해 볼 수 있을 것이다.

사회·문화

eBook 표시가 되어있는 도서는 전자책으로 구매가 가능합니다.

001 미국의 좌파와 우파 | 이주영
002 미국의 정체성 | 김형인 eBook
003 마이너리티 역사 | 손영호
004 두 얼굴을 가진 하나님 | 김형인
005 MD | 정욱식 eBook
006 반미 | 김진웅
007 영화로 보는 미국 | 김성곤 eBook
008 미국 뒤집어보기 | 장석정
009 미국 문화지도 | 장석정
010 미국 메모랜덤 | 최성일
015 오리엔탈리즘의 역사 | 정진농
021 색채의 상징, 색채의 심리 | 박영수
028 조폭의 계보 | 방성수
037 마피아의 계보 | 안혁
039 유대인 | 정성호 eBook
048 르 몽드 | 최연구 eBook
057 중국의 정체성 | 강준영
058 중국의 문화코드 | 강진석
060 화교 | 정성호
061 중국인의 금기 | 장범성
077 21세기 한국의 문화혁명 | 이정덕 eBook
078 사건으로 보는 한국의 정치변동 | 양길현 eBook
079 미국을 만든 사상들 | 정경희 eBook
080 한반도 시나리오 | 정욱식 eBook
081 미국인의 발견 | 우수근
083 법으로 보는 미국 | 채동배
084 미국 여성사 | 이창신 eBook
089 커피 이야기 | 김성윤 eBook
090 축구의 문화사 | 이은호
098 프랑스 문화와 상상력 | 박기현
119 올림픽의 숨은 이야기 | 장원재
136 학계의 금기를 찾아서 | 강성민 eBook
137 미·중·일 새로운 패권전략 | 우수근
142 크리스마스 | 이영제
160 지중해학 | 박상진
161 동북아시아 비핵지대 | 이상성 외
186 일본의 정체성 | 김필동 eBook
190 한국과 일본 | 하우봉 eBook
217 문화콘텐츠란 무엇인가 | 최연구 eBook
222 자살 | 이진홍 eBook
223 성, 억압과 진보의 역사 | 윤가현 eBook
224 아파트의 문화사 | 박철수 eBook
227 한국 축구 발전사 | 김성원 eBook
228 월드컵의 위대한 전설들 | 서준형
229 월드컵의 강국들 | 심재희

231 일본의 이중권력 쇼군과 천황 | 다카시로 고이치
235 20대의 정체성 | 정성호 eBook
236 중년의 사회학 | 정성호 eBook
237 인권 | 차병직 eBook
238 헌법재판 이야기 | 오호택 eBook
248 탈식민주의에 대한 성찰 | 박종성 eBook
261 노블레스 오블리주 | 예종석
262 미국인의 탄생 | 김진웅
279 한국인의 관계심리학 | 권수영
282 사르트르와 보부아르의 계약결혼 | 변광배
284 동유럽의 민족 분쟁 | 김철민
288 한미 FTA 후 직업의 미래 | 김준성
290 이케다 하야토 | 권혁기 eBook
300 박정희 | 김성진 eBook
301 리콴유 | 김성진
302 덩샤오핑 | 박형기
303 마거릿 대처 | 박동운 eBook
304 로널드 레이건 | 김형곤 eBook
305 셰이크 모하메드 | 최진영
306 유엔사무총장 | 김정태 eBook
312 글로벌 리더 | 백형찬
320 대통령의 탄생 | 조지형
321 대통령의 퇴임 이후 | 김형곤
322 미국의 대통령 선거 | 윤용희
323 프랑스 대통령 이야기 | 최연구
328 베이징 | 조창완
329 상하이 | 김윤희
330 홍콩 | 유영하
331 중화경제의 리더들 | 박형기
332 중국의 엘리트 | 주장환
333 중국의 소수민족 | 정재남
334 중국을 이해하는 9가지 관점 | 우수근
344 보수와 진보의 정신분석 | 김용신
345 저작권 | 김기태
357 미국의 총기 문화 | 손영호
358 표트르 대제 | 박지배
359 조지 워싱턴 | 김형곤
360 나폴레옹 | 서정복
361 비스마르크 | 김장수
362 모택동 | 김승일
363 러시아의 정체성 | 기연수
364 너는 사랑 위험한 로봇이다 | 오은
365 발레리나를 꿈꾼 로봇 | 김선혁
366 로봇 선생님 가라사대 | 안동근
367 로봇 디자인의 숨겨진 규칙 | 구산애

368 로봇을 향한 열정, 일본 애니메이션 | 안병욱
378 데킬라 이야기 | 최명호
380 기후변화 이야기 | 이유진 eBook
385 이슬람 율법 | 공일주
390 법원 이야기 | 오호택 eBook
391 명예훼손이란 무엇인가 | 안상운
392 사법권의 독립 | 조지형
393 피해학 강의 | 장규원 eBook
394 정보공개란 무엇인가 | 안상운 eBook
396 치명적인 금융위기,
왜 유독 대한민국인가 | 오형규 eBook
397 지방자치단체, 돈이 새고 있다 | 최인욱 eBook
398 스마트 위험사회가 온다 | 민경식 eBook
399 한반도 대재난, 대책은 있는가 | 이정직 eBook
400 불안사회 대한민국,
복지가 해답인가 | 신광영 eBook
401 21세기 대한민국 대외전략:
낭만적 평화란 없다 | 김기수
402 보이지 않는 위협, 종북주의 | 류현수 eBook
403 우리 헌법 이야기 | 오호택 eBook
405 문화생활과 문화주택 | 김용범 eBook
406 미래 주거의 대안 | 김세용·이재준
407 개방과 폐쇄의 딜레마,
북한의 이중적 경제 | 남성욱·정유석 eBook
408 연극과 영화를 통해 본 북한사회 | 민병욱 eBook
409 먹기 위한 개방, 살기 위한 핵외교
| 김계동 eBook
410 북한 정권 붕괴 가능성과 대비 | 전경주 eBook
411 북한을 움직이는 힘 군부의 패권경쟁
| 이영훈 eBook
412 인민의 천국에서 벌어지는 인권유린
| 허만호 eBook
428 역사로 본 중국음식 | 신계숙 eBook
429 일본요리의 역사 | 박병학 eBook
430 한국의 음식문화 | 도현신 eBook
431 프랑스 음식문화 | 민혜련 eBook
438 개헌 이야기 | 오호택
443 국제 난민 이야기 | 김철민
447 브랜드를 알면 자동차가 보인다 | 김흥식 eBook
473 NLL을 말하다 | 이상철 eBook

(주)살림출판사
www.sallimbooks.com
주소 경기도 파주시 문발동 522-1 | 전화 031-955-1350 | 팩스 031-955-1355